JN410218

우리들의

봄날

심성택 산문집

우리들의 봄날

인쇄| 2019년 1월 20일
발행| 2019년 1월 24일

글쓴이| 심성택
펴낸이| 장호병
펴낸곳| 북랜드
41965 서울 강남구 강남대로 320 황화빌딩 1108호
대표전화 (02) 732-4574 | (053) 252-9114
팩시밀리 (02) 734-4574 | (053) 252-9334

등 록 일| 1999년 11월 11일
등록번호| 제13-615호
홈페이지| www.bookland.co.kr
이-메 일| bookland@hanmail.net

책임편집| 김인옥
교 열| 배성숙 신은경

ISBN 978-89-7787-826-6 03810

값 12,000 원

우리들의 봄날

심성택 산문집

북랜드

책머리에

하루하루가 화살처럼 지나고 있습니다. 월요일인가 했더니 어느새 주말이 되고, 짜증스럽던 여름이 물러가더니 벌써 한 해도 저물어가고 있습니다. 이런 세월의 흐름에 비하면 나는 굼벵이 걸음질을 하고 있습니다.

책 한 권 펴내겠다는 마음을 먹은 지가 아마도 10년이 넘은 듯합니다. 언제까지 완료하겠다는 목표의식 없이 차일피일 덮어둔 결과였습니다. 더 이상 미룰 일이 아니라서 올해는 이것부터 마무리해야겠다고 작정을 했습니다.

우선 여기저기에 발표한 글들을 모았습니다. 그리고는 그동안 틈틈이 써둔 것들을 훑어보았습니다. 표현이 마음에 들지 않거나, 시간이 지나서 상황이 달라진 부분들을 수정하였습니다. 내용이 비슷하거나 중복되는 성격의 글들을 제외하고 나니, 한 권의 책을 엮기에는 분량이 모자랐습니다. 속도를 내어 부족한 량을 후닥닥 써서 보태었습니다.

이 일을 하느라 금년 여름은 집안에서 푹푹 찌는 더위와 시름을 했습니다.

최종 정리를 하면서 수필적인 글과 비 수필적인 글들이 혼재되어 있어 산문집이라 이름을 붙였습니다. 고향과 젊은 날의 단상斷想, 자연과 생명에 대한 경이로움, 살아오면서 겪고 느낀 일상의 평범한 넋두리일 뿐입니다.

계곡을 흐르는 작은 물줄기도 나름의 여울을 남기고 있습니다. 얕고 낮은 울림에도 애정 어린 눈빛으로 살펴주시기를 기대해 봅니다.

2018년 11월

심 성 택

차례

3부

1.

3월의 편지

끈덕지게 매섭던 겨울도 우주의 순환 앞에 비켜나고 나날이 달라지는 봄소식이 신비롭습니다. 봄비가 내리고 있습니다. 어렵게 피운 꽃들이 한순간에 낙화하는 모습을 보니 애처로워 집니다. 하지만, 이 비가 끝나면 빗물에 씻긴 거리와 산과 들이 선명한 모습으로 햇살과 마주하리라 생각하니 그리 침울해지고 싶지는 않습니다.

후줄근히 젖은 대지에는 한걸음 더 가까이 봄을 재촉하고 있습니다. 뜰 앞에서나 멀리 들판에서 생명의 발돋음이 계속되고 있습니다. 풀 한 포기 나무 한 그루에서 내뿜는 기쁨과 생명의 노래가 들려오듯 합니다.

벌써 목련은 제철이 지나고, 개나리와 산수유가 노란 꽃을 피웠습니다. 벚꽃도 꽃망울을 터트리려 잔뜩 부풀어 있습니다. 온갖 초목들이 잎사귀들을 내밀려는 준비에 분주한 기색입니다.

땅속에 숨어있던 새싹들도 슬며시 고개를 내밀려 하고 있습니다. 소녀의 미소처럼 귀여운 삼월의 향기가 아지랑이처럼 피어오릅니다. 싱그러운 생명들이 움찔거리는 계절이 품어내는 선율 앞에 마음은 한결 들뜨게 합니다.

가면 다시 오지 않을 오늘이란 걸 모르는 사람이 어디 있겠습니까. 그동안 그것을 잊고 사는 날이 너무나 많았습니다. 굼뜨게 부질없는 시간을 보내면서 "삶이 그대를 속일지라도 슬프거나 노하지 말라"는 푸시킨의 시 구절을 떠올리고 있습니다.

긴 것 같지만 살아온 날이 한순간에 불과하듯 지나갔습니다. 고난 앞에 굴하지 않고 해마다 봄이 되면 솟아오르는 새싹들에게 우리네 인생의 의미를 담아 봤습니다. 힘든 시간들은 길고 지루했습니다. 행복은 찰나에 불과 하였습니다. 그래도 순간순간마다 작은 기쁨들이 틈새를 메워 주었기에 힘든 시간을 버티고 이겨내었습니다.

광활한 하늘 아래 지구의 한 귀퉁이에서 나는 봄비에 젖은 대지의 향연을 볼 수 있고 느낄 수 있음에 감사하다는 생각을 해 봅니다. 크게 심호흡하면서 봄기운을 들이키고 있습니다. 꿈틀거리는 봄의 활력이 내 몸 안으로 퍼져들고 있음을 느낍니다. 내일은 오늘보다 더 좋은 날이 펼쳐지기를 기대하면서 조선 중기의 유명한 학자였던 신흠申欽 선생의 시를 소개하고 싶습니다.

桐千年老恒藏曲(동천년노항장곡)
梅一生寒不賣香(매일생한불매향)
月到千虧餘本質(월도천휴여본질)
柳經百別又新枝(유경백별우신지)

오동나무는 천 년을 묵어도 제 곡조를 간직하고
매화는 평생을 춥게 지내도 그 향기를 팔지 않습니다.
달은 천 번을 이지러져도 본바탕은 변하지 않고
버들가지는 백 번을 꺾어도 새 가지가 돋아납니다.

이 시를 음미해서 읽다 보면 어렵고 힘든 상황에서 나를 나다움으로 살아가는 일이 얼마나 중요한가를 생각해 봅니다. 성찰과 지조, 고결함, 사물의 본질은 무엇으로도 꺾을 수 없다는 의미로 우리에게 많은 울림을 주는 시입니다.

조용조용 내리던 봄비가 오후가 되면서 하늘에 먹구름을 불러모으고 있습니다. 빗줄기가 굵어지고 바람이 차가워집니다. 다시 겨울로 돌아가듯 냉기를 품어내면서 심술을 부리고 있습니다. 아무리 그러해도 오는 봄은 어느 누구도 막을 수는 없는 일이겠지요. 더 당당하게 찬란한 새봄을 맞이하고자 봄비에 촉촉이 젖어들며 3월의 편지에 이 시를 담아 띄우고 있습니다.

달을 품은 의미

몇 채의 집들이 드문드문 자리한 촌락을 지나 작은 호숫가에서 하룻밤을 맞았습니다. 불을 끄고 나니 온통 암흑 천지였습니다. 하늘의 무수한 별과 달빛의 아름다움을 오랜만에 온몸으로 느낄 수 있었습니다.

호수에는 달이 잠겨있고 수많은 별들도 내려와 있어 멋진 풍경에 마음이 빠져 들었습니다. 도시에서 가로등이며 네온사인에 가려 밤하늘의 신비로움을 잊어버리고 살아온 지가 참으로 오래였습니다.

달은 스스로 빛을 발하지 못하고 태양의 빛을 반사하고 있다고 합니다. 그러기에 태양만큼 강렬한 생명의 에너지를 전해주지는 못하고 있습니다. 하지만 은은하고 아련하며 순결하고 애수에 서린 잔잔함을 이 땅에 선사하고 있습니다.

낮 동안 치열한 생존의 현장에서 아등바등하며 초조한 모습으로 지내온 우리들에게 이처럼 고요함과 자애로움으로 축복을 내리듯이 부드럽게 감싸주고 있습니다. 티 묻은 영혼과 상처 난 마음을 씻어내리며 아늑하고 포근한 곳으로 인도해줍니다.

지금 이 평화로운 시간, 어디에선 자신을 옭아맨 속박의 굴레에서 벗어나기 위해 몸부림치고 있는 이들을 생각해 봅니다. 쓸쓸한 병실에서 병마와 싸우는 사람, 사랑하는 사람과의 이별을 슬퍼하는 사람, 직장을 잃고 좌절과 실의에 빠져있는 사람……, 무심히 떠 있는 달을 향해 저마다 사무친 사연들을 호소하며 행복한 날이 찾아오기를 기원하고 있을 것입니다.

교교히 빛을 발하는 달은 시비도 곡절도 많은 우리 인간들의 애환을 어루만져주리라 믿어 왔습니다. 예부터 이글대는 태양보다 달을 보고 노래하는 시인이 많았던 것은 바로 이런 자애로움 때문으로 생각됩니다.

달에다 로켓을 쏴 올리고 신비를 벗기려 온갖 애를 쓰고 있지만, 달빛에 마음을 기울이고 우주의 감촉을 느끼는 먼 전설의 고향 같은 인간의 감성만은 결코 과학화될 수는 없을 것입니다.

밤이 낮처럼 밝아진 세상에 살면서 많은 것을 잃었습니다. 오늘은 호롱불 밝히던 내 어린 시절의 추억이 서린 달빛을 만나게 되어 마냥 기쁩니다.

달빛에 감싸여 자신을 돌아보는 이 순간, 감춰야 할 부끄러움도 아무런 이해타산도 잊고 있습니다. 하찮은 영욕으로 표정을 꾸며야 할 일도 없습니다. 편한 마음으로 넉넉하고 둥그런 모습을 마주하면서 채우면 비워야 하는 순환의 이치를 절절히 배우고 있습니다.

조급함을 내려놓고 여유를 찾은 것은 나이 들어서 느끼는 즐거움인지도 모릅니다. 돌이켜보면 살아온 굽이굽이가 호락호락한 길이 아니었습니다. 미래에 대한 불안과 현실의 고통을 헤쳐야 하는 일이 결코 가볍지 않았습니다.

외부로 향해 있던 시선을 이제는 내면세계로 돌리려 하고 있습니다. 몸과 마음의 건강, 영혼의 평안함을 위해 나를 살피고, 펼쳐 놓은 일들을 하나하나 매듭을 지어가는 데 시간을 할애하려 합니다.

이제 돈을 벌 수 있는 날은 지나갔습니다. 어디를 가도 돈을 꺼내어 쓰는 일밖에 없습니다. 조금씩 내려놓는 일에 많이 숙달이 되어 가고 있습니다. 한편으로는 내 위주로 생각하는 일들이 많아져 이기주의자로 변해가는 듯합니다.

온종일 먼지를 덮어쓴 지상의 모든 풀꽃들이 밤이슬에 촉촉이 젖어듭니다. 초롱초롱한 별빛에 몸을 씻어 내일을 맞이할 준비를 하고 있습니다. 방안에 기어든 휘영청 달빛이 중천을 밝히고 있습니다.

둥그렇게 풍성한 달을 가슴에 품으며 내일도 '활기에 넘치는 기쁜 날'이 되기를 소망해 봅니다.

위문편지

일등병시절의 어느 연말, 내무반장이 무작위로 편지 봉투를 하나씩 나누어 주었습니다. 내 손에는 춘천 여고의 P양이 보내온 편지가 쥐어졌습니다.

봉함을 열어 보니 "전방에서 나라를 잘 지켜주는 국군 아저씨들 덕분에 마음 놓고 학교에 다닐 수 있다면서, 추운 겨울날 감기에 조심하고 힘을 내어 휴전선을 잘 지켜 달라"는 그저 평범한 내용의 위문편지였습니다. 나는 그녀의 편지에 답장을 보냈습니다. 이것이 인연이 되어 그녀와 서신을 주고받으면서 서로의 소식을 전하게 되었습니다.

군대에서 편지를 쓰려면 '군사비밀'이라 하여 금기 사항이 많았습니다. 군사시설이나 군 생활의 자세한 내용을 쓰지 못하게 하였습니다. 날씨 얘기, 계절의 변화, 일상의 느낌 같은 한정된 소재로 편지를 써야 했습니다. 당시의 전우신문이나 병사들이 휴가를 갔다가 구입해온 월간 잡지에 좋다 싶은 글귀를 인용해 가면서 편지를 쓰기도 했습니다.

차츰 서신 횟수가 늘어나면서 이성이란 걸 느끼게 되었습니다. 꿈, 그리움, 사랑에 대한 얘기가 전개되었습니다. 우리들의 편지는 은연중에 연서로 변해가고 있었습니다.

외부와 단절된 갑갑한 환경에서 여고생이 보내온 풋풋한 사연을 받아들 때가 가장 기분 좋은 날이 되었습니다. 그녀의 편지는 까닭 없이 일탈하고 싶은 충동을 잠재우게 했습니다. 병영생활의 짜증을 날려 보내고 위안을 찾는 청량제 역할을 하였습니다.

사위四圍가 어둠에 묻힌 밤이었습니다. 나는 초소哨所 밖으로 불빛이 새어나지 않게 조심스레 휴대용 전등을 켰습니다. 오늘 낮에 받은 그녀의 편지를 호주머니에서 꺼내어 다시 읽어 보았습니다.

> "…무수히 쏟아지는 달빛이 창문을 촉촉이 적셔주는 이 고요한 밤에 무얼 하세요. 지금 별들은 낮고 고운 음성으

로 나에게 무엇인가를 속삭이고 있네요….”

이렇게 시작하여 이어진 사연은 영화관에 간 얘기, 친구들과 수다, 기말고사 성적이 오르지 않는 데서 오는 스트레스, 진로에 대한 고민이었습니다. 당사자로선 걱정이 태산이라지만, 나로서는 고교 시절에 누구나 겪게 되는 한갓 과정에 불과하다고 여겨졌습니다.

따분한 병영 생활에 비하면 행복한 고민이겠지. 무엇 하나 내 맘대로 할 수 없는 현실, 지금 나를 누르고 있는 억압과 속박의 무게를 그녀는 상상도 못 할 것이 분명한 일입니다.

여기서 벗어날 수 있는 답은 오직 하나 뿐이지요. ‘세월이란 약’밖에 없습니다. “No pain, no gain”이라는 미국의 속담을 되씹으면서 총을 메고 보초를 서 있는 시간은 여전히 더디게 흘러갈 뿐이었습니다.

북한강을 사이에 둔 백암산 고지, 북녘의 대남방송이 너무나 생생히 귓전을 울리고 있었습니다. 먼 하늘의 별빛은 무수히 쏟아져 내렸습니다. 유난히 초롱초롱한 별 하나가 눈 속으로 기어들었습니다. 그 별빛을 향한 나는, 그녀와의 눈 맞춤인 양 착각에 빠졌습니다. 그러고는 그 별과 함께 온갖 벅찬 꿈을 그리고 있었습니다.

벌써 수십 년의 세월이 훌쩍 흘러버린 지금, 나는 그녀의 또박또박한 사연이 담긴 퇴색된 편지 묶음을 넘기고 있습니다. 더 이상 이어지지 못한 인연을 애석해하기보다 병영 생활의 지루함을 덜어준 '고마운 벗'이었습니다.

우리들의 봄날

시골로 귀촌한 친구가 진달래꽃이 한창이라며 다녀가라는 전화가 왔습니다. 저마다의 일정을 미뤄두고 달려갔습니다. 온 산천을 분홍빛으로 물들인 진달래는 고희에 접어든 나이에도 가슴을 설레게 하였습니다. 우리는 친구의 농장에 도착하자마자 반갑게 인사를 나누고 여기저기에 고개 내민 쑥과 달래를 캐며 봄의 향기에 젖었습니다.

점심때가 가까워져 그득하게 차려 놓은 상 앞에 모여 앉았습니다. "온 산에 붉게 타오르는 진달래 물결을 바라보며 마음껏 취해 보자."며 따사한 봄볕 속에 잔을 기울이기 시작했습니다.

진달래꽃이 지고 사과꽃이 피어나면 본격적으로 농사일이

시작되기 때문에 비교적 한가한 이때가 동기생들을 부르기에 적기라 했습니다. 이 순간을 그냥 흘려보내지 않고 따사로운 봄날을 만끽할 수 있게 자리를 마련해준 친구의 배려에 모두 박수를 보냈습니다.

사실 도심의 공원에도 개나리꽃이 눈부시고 벚꽃이 화들짝 피어나면 사람들의 마음을 싱숭생숭 흔들어 놓습니다. 한번 시간을 내어 다가가서 봄 향기에 취해 보려는 생각을 하였습니다. 지척인데도 제때 가지 못하고 시기를 늦춰 버리면 곧 시들고 마는 것이 봄꽃입니다.

노란 개나리꽃의 눈부심과 하얀 벚꽃의 화사함이 좀 더 오래 곁에 있어주면 좋으련만 애석하게도 순식간에 지고 맙니다. 다시 오지 않을 오늘이지만 꽃은 지난해와 같이 금년에도 다시 볼 수 있게 해 주어 고맙기 그지없습니다.

잠시 피었다가 시들어지는 꽃에서 공허함을 느끼게 합니다. 꽃이 져야 열매를 맺는 것이 세상의 이치라지만 꽃 같던 젊은 시절이 그리운 나이가 되어버렸습니다. 다시는 그때로 돌아갈 수 없기에 더 애잔하게 느껴집니다.

오래 묵은 친구는 얼굴만 마주하는 것으로도 은연히 즐겁고 기쁩니다. 여기에 주거니 받거니 하는 술이 있고 봄기운에 취하게 되니 노랫가락이 빠질 수가 없습니다. 유달리 흥이 많은 친구가 앞서서 몇 곡을 뽑았습니다. 뒤질세라 다퉈가며 마이크를 잡고 분위기를 한껏 무르익게 하였습니다. 시간도 어린 시절로 돌려놓았습니다.

같은 또래, 같은 교실에서 공부를 했지만, 살아온 궤적은 서로 달랐습니다. 참 재미있는 것은 선곡하여 부르는 노래의 가사와 곡조가 저마다 살아온 자취와 너무나 잘 어울린다는 것입니다. 노래로 자신이 하고 싶은 얘기와 삶의 한을 털어내고 있는 것 같습니다. 그러고 보면 노래만큼 인간의 감성을 절절하게 담아주는 그릇이 없는 듯합니다. 나이가 나이라서인지 나훈아의 '고장 난 벽시계', 김성환의 '인생'과 같은 노래가 진하게 가슴에 와 닿습니다. 마이크가 몇 바퀴 돌고 나면 밑천이 드러나고 결국 어린 시절에 유행했던 노래로 돌아가게 합니다.

이유 없이 방황하던 시절, 용돈을 털어 영화관을 다니고 짜장면으로 별미를 맛보며 즐거워했습니다. 소낙비를 만나 옷이 흠뻑 젖은 채로 부끄러움도 모르고 시내를 쏘다녔습니다. 그 시절의 노래는 이런 아련한 추억들을 풀어내고 있었습니다.

산촌에서의 봄날, 하루가 무척 짧게 느껴졌습니다. 우리들의 봄날도 이렇게 잠시 머물다 흘러버렸습니다. 남은 생은 향기로운 꽃길이 펼쳐지기를 기원해 봅니다. 오늘 이 순간처럼 말입니다.

<2016. 4.>

황금들판의 소회

가을 들판의 주인공은 누가 뭐라 해도 누렇게 익은 벼들이지요. 온통 황금빛으로 펼쳐진 들판에 들어서면 마음부터 넉넉해집니다. 봄부터 가을까지 땀을 흘려 온 농부의 고통도 이 순간만큼은 눈 녹듯 사라지고 결실의 보람으로 가슴이 벅차오를 것입니다.

벼농사는 이른 봄에 충실한 볍씨를 골라 싹을 틔워서 모판에다 뿌리고 길러냅니다. 길러진 모는 오월 중순 무렵에 무논을 갈아 옮겨 심습니다. 이렇게 모내기가 끝나면 물을 알맞게 넣고, 때로는 물 빼기를 하여 논바닥을 말리기도 합니다. 비료와 농약도 시기를 맞추어 적정량을 뿌려줍니다. 이런 일련의 과정을 거쳐 식량이 되기까지 농부의 손은 쉴 새가 없습니다.

그 손길이 자그마치 여든여덟八十八 번이나 들어간다고 하여 한자로 쌀을 米로 표기하고 있답니다. 일미칠근一米七斤이란 말은 쌀 한 톨을 생산하는 데 농부가 땀을 일곱 근이나 흘린다는 뜻이지요. 이는 우리가 밥을 먹을 때마다 농부의 노고를 생각하며 쌀을 소중히 여기라는 의미를 담고 있습니다.

황금들판은 풍성하게 무르익은 벼 냄새를 물씬 풍기고 있습니다. 토실하게 익은 벼이삭들은 마냥 인사를 하듯 고개를 숙이고 있습니다. 이 끝없이 펼쳐진 황금물결에 취하여 한참을 걸으면서, 이 땅에 볍씨가 전해진 설화說話를 떠올리게 하였습니다.

하늘의 옥황상제가 인간을 이 땅으로 보낼 때, 먹고 살아갈 수 있도록 곡식의 종자와 가축을 내어 주어라고 신농씨神農氏에게 하명하였답니다.

이곳으로 오는 길에는 큰 바다가 있었습니다. 신농씨는 출발하려는 배에다 사람들과 함께 종자와 가축들을 가득 싣게 하였습니다. 바다를 건널 때 풍랑을 만날 것을 대비하여 개, 돼지, 닭 같은 가축의 털에다 볍씨를 비롯한 곡식의 씨앗을 붙여서 보냈습니다.

며칠을 무사히 항해하여 육지가 저만치 가까워질 무렵에 갑자기 염려했던 폭풍을 만나게 되었습니다. 풍랑에 견디지 못해,

배가 그만 뒤집혀졌습니다. 사람과 가축들은 파도에 휩쓸리고 말았습니다.

얼마가 지난 무렵에 하늘이 개고 바다는 평온을 찾게 되었습니다. 사람들은 뒤집힌 배를 수습하여 육지로 오르게 되어 겨우 살아남았습니다. 이들은 정신을 차려 파도에 밀려오는 가축들을 하나하나 구해내기 시작했습니다. 그런 와중에 개는 꼬리를 물 위로 쳐들고 허우적거리며 육지에 도착하였습니다. 헤엄을 쳐서 힘겹게 오는 동안 몸통에 붙어있던 씨앗들은 물에 씻겨나가고 꼬리에만 붙어있었습니다. 사람들은 그 낟알을 떼어 종자를 하였습니다.

그래서 벼 이삭이 개 꼬리 모양처럼 생겼다고 합니다. 볍씨가 몸통 전체에 붙은 채로 무사히 인간 세상에 도착했다면, 벼 포기 전체에 나락이 달리게 되었다고 합니다. 그렇다면 수확량이 엄청 많아서 인류의 역사는 크게 달랐을 것이라고 아쉬워하기도 합니다.

어쨌거나 개가 인간 세상에 곡식의 종자를 가져오는 일에 큰 공을 세우게 되었습니다. 사람들은 그 공을 인정하여 견공犬公이라며 호칭을 높여 부르기도 하였습니다. 뿐만 아니고 다른 가축과 달리 밥을 먹게 하고, 인간과 가까이하면서 사랑을 받는 특혜를 누리게 되었다고 합니다.

우리들의 아버지 세대까지도 곡식의 종자를 내려준 신농씨의 은혜에 감사하며 땅을 삶의 터전으로 삼고 농사를 천직으로 여겨왔습니다. 그러나 산업이 발전되고 사회가 분화되면서 농업의 비중이 급속히 약화하였습니다.

자식에게는 힘든 농사를 물려주지 않으려고 자식 교육을 위해 모든 것을 바쳤습니다. 자식의 학비 마련을 위해 목숨처럼 여겼던 쌀을 팔고 농토를 팔기도 했습니다. 그 시대를 살았던 아버지의 세대는 일제치하의 억압과 6·25전쟁의 모진 고통을 겪으면서 가난한 삶을 살았습니다. 그들은 허리가 휘어도 농사를 내려놓지 못하고 의료, 교육, 문화의 혜택도 변변히 누려보지 못하고 세상을 떠났습니다.

오늘날 영농기술의 발전과 장비의 기계화로 농사가 많이 수월해졌습니다. 그렇지만 기계가 하는 일이 있고 사람의 손이 가야 하는 일이 따로 있으니 여전히 농사는 힘든 노동으로 기피하고 있는 실정입니다.

농사는 기후의 영향에 민감하여 날씨가 가물어도 탈이고 비가 너무 와도 탈입니다. 과잉생산이면 가격이 폭락하고 생산량이 적으면 인건비도 건질 수 없는 지경에 이릅니다. 이런 열악한 조건들이 "천하지대본"이라고 우대받던 농사가 천덕꾸러기로 전락하게 만들었습니다.

그럼에도 한결같이 농촌을 지키고 있는 이들이 있습니다. 뙤약볕에 꿋꿋이 생기를 잃지 않고 비바람에 넘어지지 않으려는 벼들과 운명을 같이하고 있습니다.

나는 "훠이- 훠이-" 소리를 질러 염치없이 뱃속을 채우려는 참새 떼를 쫓으며 들길을 걷고 있습니다. 눈이 부시도록 황금물결을 출렁이게 해준 농부들의 노고에 고개 숙여 감사를 드립니다.

<청송문학 제25호, 2017.>

탈출

삶이 팍팍할 때는 복잡한 도시를 떠나 스트레스를 훌훌 털어내고 싶다. 일상의 족쇄에서 벗어나 다른 곳으로의 떠남은 호기심과 신비로움에서 마음을 새롭게 한다. 산과 강, 자연과의 만남은 잠시나마 우리의 마음을 편안하고 진솔하게 해주고 있기 때문이다.

폭염과 열대야로 짜증나는 여름이면 푸른 바다로 갈까, 깊은 산속으로 갈까를 고민하게 된다. TV나 신문에서 유명하다는 곳은 여름 내내 북새통이다. 나는 이런 인파가 북적이는 곳보다 조용하면서 맑은 물이 흐르는 어느 조그마한 계곡을 찾았다. 빼곡히 들어선 나무에 무성한 잎사귀가 겹겹이 하늘을 가리고 있었다. 흐르는 물소리와 풀벌레 소리가 하모니를 이루었다.

우선 남의 눈을 의식해야 하는 체면도 가식도 필요 없어서 좋았다. 겉옷을 벗어 던지고 속옷 차림으로 물속으로 첨벙 뛰어들었다. 계곡물은 시리도록 차가웠다. 한기가 들어 잠시 있다가 밖으로 나왔다. 땡볕이 지글지글 달구어 놓은 바위에 올라 찜질을 하다가 다시 물속으로 들어가곤 하였다.

하늘과 구름, 흙과 물, 나무와 들꽃을 바라보고 있으니 머릿속이 하얗게 비워진 것 같았다. 한동안 멍해지기도 하였다. 졸음이 오면 자고, 배가 고프면 빵이나 과일을 찾아먹는 인간의 원초적인 자유를 누려보려는 셈이었다.

밤이 되자 달빛마저 외로운 곳이었다. 산바람 물소리가 정적을 깨고 있었다. 달이 뜬 지 얼마 되지 않아서 산속으로 기울어지더니 온 천지는 칠흑의 어둠이 내렸다. 무수한 별들이 반짝이며 내려다보고 있었다.

외진 곳이라 산짐승의 침입이 은근히 두려워졌다. 손전등을 휘저어 불을 번득이고, 라디오의 볼륨을 높여 경계의 신호를 보냈다. 텐트 밖에는 모기와 나방들이 몰려왔다. 그들을 물리치려고 간간히 살충제를 뿌려 보았다. 그래도 아랑곳하지 않고 끊임없이 모여 들었다.

불과 몇 시간도 문명의 이기利器를 이용하지 않고는 견디기가 어렵다는 것을 느꼈다. 이런 이기를 발명하고 만들어낸 사람들에 대한 고마운 마음이 새롭게 느껴졌다. 대자연에서 한 인간은 참으로 나약한 존재임을 체험하는 기회가 되었다.

인류의 조상들은 추위를 면하기 위해 불을 만들고, 어둠을 밝히기 위해 불을 이용하였다. 호롱과 램프가 불편하여 전기를 발명하기까지에 이르렀으리라. 이처럼 옛사람들의 오랜 체험과 깨달음이 쌓이고 전해져 새로운 이론이 정립되고 새로운 기술이 개발되어 왔다. 그러고 보면 오늘의 편리한 문명은 길고 긴 인류의 고단한 삶에서 배어 나온 산물이리라. 인간은 불편의 고통을 참아내지 못하는 한, 새로운 발명은 계속될 것이고 세상은 갈수록 편리해지게 될 것이다.

낯선 환경이라 쉽게 잠을 이루지 못하다가 새벽녘에야 잠이 들었다. 해가 중천에 비칠 무렵이 되어서 일어났다. 나는 이곳을 벗어나 산길을 걸었다. 고개를 넘어 한참을 가니, 제법 넓고 깔끔한 길이 나타났다. 그 길을 따라 끝 지점에 조그마한 암자를 만났다. 마당에는 한여름 햇살이 따갑게 내리고 있었다. 문이 활짝 열려 있는 절간 안으로 들어섰다. 부처님을 향해 엎드렸다가 일어나면서 삼배를 하고는 정좌를 하여 눈을 감았다.

고요한 절간, 참으로 오랜만에 부처님과의 대면이었다. 시원한 산바람이 땀방울에 젖은 이마를 스쳐 갔다. 마치 부처님의 청량한 기운이 온몸을 감싸주는 듯하였다. 마음이 평온해졌다. 이 순간 나를 지배하는 안온함, 바로 이것이 극락인 듯하였다. 어렴풋이나마 이런 극락의 세계로 한 발짝 넘나들게 해준 것은 바로 부처님의 영험이라 믿고 싶었다. 아마 이래서 사람들은 절간을 찾아 마음을 추스르고 위안을 찾고 있겠지……

산사를 떠나오는 길, 하직 인사를 나눈 스님의 평화스런 얼굴이 좀체 지워지지 않았다. 풀숲 사이로 벌레들이 이리저리 부지런히 기어 다니고 있었다. 나무들은 험한 바위틈을 비집고 뿌리를 내려 하늘을 향하고 있었다.

이들은 우리의 삶과 무엇이 같고 무엇이 다른지, 또 우리에게 무엇을 가르쳐주려 하는지, 새삼스럽게 그 물음과 마주치게 한다. 복잡한 도시로 돌아가면 나는 다시 그 무엇의 노예로 답답한 틀 속에 갇히게 될 것이다. 우열을 비교하는 피곤한 경쟁에서 숨 가쁘게 뛰어야 한다.

어제와 오늘, 늘 힘겹게 되풀이되는 삶은 우리를 권태롭고 따분하게 만든다. 이럴 때는 마음을 순화시키고 새로운 에너지의 충전을 위해, 기댈 수 있는 넉넉한 자연의 품으로 또 다른 탈출을 꿈꾸게 한다.

<청송문학 제20호, 2012.>

우연한 만남

나는 길을 걸을 때, 맞은편에서 오는 상대방을 살피기를 싫어한다. 마주 오는 사람의 얼굴을 바라본다는 것은 어쩌면 무례한 일일 수도 있기 때문이다. 그보다는 상대를 의식하지 않고, 그냥 편한 마음으로 걷는 것이 좋다는 표현이 적절할 것 같다.

이런 습관 때문에 '인사치레를 해야 할 사람'을 그냥 지나쳐 버릴 때는 여간 낭패가 아닐 수 없다. 의도적으로 눈길을 피한 것은 아닌데도 상대로 하여금 오해를 사기 일쑤이니 말이다.

분명 내 갈 길을 그냥 지나가고 있음인데, 사람들은 이런 나를 두고 "주변을 살피지 않는다느니, 인사성이 없다느니" 하며 흉을 보고 있다. 이런 것까지 지적을 받고 신경을 써야 하니, 우리네 일상사가 번거롭다는 생각이 들 때가 많다.

얼마 전, 나는 수필에 대한 기초적인 이해와 기법을 배울 양으로 어느 일간신문에 공고된 "수필문학 강좌"를 수강하기 위해 강의실을 찾았다. 머리가 희끗희끗한 모습, 무엇을 배운다는 것에 별로 흥미로울 것도 없는 나이다. 강의가 시작되기까지 남은 시간은 불과 몇 분이지만, 서먹한 분위기 탓인지 기다림이 무척이나 길게 느껴졌다.

길을 걸을 때와 같이 주변을 잘 살피지 않는 내 시선은 앞에 놓여 있는 탁자 위에만 머물러 있었다. 생소한 곳에서 낯선 사람들과의 만남, 그것도 피교육자의 입장이고 보니 마음이 움츠려지는 탓이리라. 솔직히 새로운 것을 시작하는 어색함만큼이나 '배워도 그만이고 배우지 않아도 그만'이란 생각에 자리를 뜨고 싶기까지 하였다.

한편, 이왕 용기를 내어 찾아왔으니 '첫날 강좌라도 들어보자'는 심정으로 자리를 지켜내었다. 요즘 어디를 가나 여성들이 판을 치듯, 여기서도 20명 남짓한 수강생 중에 남자는 고작 4명뿐이었다. 젊은 새댁들 사이에 멋쩍게 앉아서 오리엔테이션 위주의 첫날 강의가 끝이 났다.

순간, 내 곁으로 중년의 한 여성이 다가왔다. 엷은 웃음을 머금고 인사를 건네는 그녀를 쉽게 요량할 수 없지만 안면이 있는 얼굴인 듯했다. "혹시 ○○에 근무하지 않았습니까?" 하면서 거침없이 예전 직장 동료 몇몇의 이름을 들먹이었다.

그렇다면 이 여인은 이미 내가 이곳에 들어 왔을 때부터 나를 찬찬히 훑어보고 있었음이 분명했다. 언제나 두루 살피지 않고 대충 보아 넘기는 내 습성이 또 한 번 낭패를 보는 순간을 맞은 듯했다.

그녀는 그때의 자질구레한 일까지도 생생히 기억하고 있었다. 우리는 어느새 "그랬지요, 맞아요." 하면서 잠시 그 시절로 돌아갔다. 헤어질 무렵에 그녀는 종이팩 속에서 봉투 하나를 꺼내 주었다. 집에 와서 보니, 그녀의 등단 작품이 실려 있는 '월간 문학지'였다. 나는 다른 일을 미루고 그녀의 작품부터 읽었다. 그 작품 속에서 그녀의 근황이 찬찬히 배어나고 있었다.

햇수로 따지니, 실로 25년 만의 만남이었다. 일 년 정도 그녀와 같은 사무실에서 근무하다가 나는 다른 부서로 옮겨갔다. 그 사이 그녀는 공부를 더 하기 위해 첫 직장을 사직하였다. 그 후 교육학을 전공하여 중등학교 선생님이 되었었다.

교사가 되고 나서 전교조 활동에 앞장섰다. 그는 학교재단으로부터 미운 가시가 되어 버렸다. 대립의 골이 깊어지자 강제 퇴직을 당했다. 그로 인해 재단 측과 지루한 재판을 걸쳐놓은 상태인 것을 짐작할 수 있었다.

중년을 넘긴 나이, 그녀는 어려운 길을 택했다. 그녀가 부르짖는 정의가, 정의로 인정받기까지는 아득히 멀기만 한 일이었다. 그래도 그녀는 끝까지 투쟁의 길을 걷는다는 의지였다. "삶의 무게뿐만이 아니라 삶의 깊이까지도 느낄 수 있는 수필"이라고 추천하신 선생님의 심사평이 나의 마음을 아리게 하였다.

우연찮게 우리네 인생을 노래하는 '수필 공간'에서의 만남이었다. 여태까지 주변을 건성으로 보아오면서, 그녀의 수필을 진지한 마음으로 다시 두어 번을 읽었다. '그리도 순진하던 아가씨가 어찌하다 투사가 된, 거센 아주머니로 변했을까.'라는 의문이 좀체 나의 머릿속을 떠나려 하지 않았다.

단순히 젊은 날의 한 직장 동료와의 만남, 중년을 넘은 그녀의 과중한 부하負荷가 나의 어깨마저 짓누르고 있었다. 그녀는 결석이 잦더니 끝내 강의실에 발길을 끊어버렸다. 어디서 조용히 더 심오한 삶의 무게가 실린 수필을 열심히 쓰고 있으리라 믿는다.

<2004. 10.>

보편의 가치

직장에서 팀원들과 머리를 짜내어 사업 계획을 세우고 그를 실현하기 위해 현장을 뛰어 다닌다. 추진경과를 평가하면서 크고 작은 일들을 처리한다. 이러다 보면 팀원들과 얼굴을 맞대고 있는 시간은 가족들보다 더 많다. 그 과정에서 고맙고 섭섭한 일이 따르고 때로는 얼굴을 붉히며 짜증을 내는 일도 생기게 된다. 이렇게 좋든, 싫든 부대끼게 되는 것이 직장 동료들이다.

이런 동료 간에도 어지간히 친밀한 사이가 아니고는 가정사와 자신의 애환이나 치부를 드러내려 하지 않는다. 예부터 우리는 "처자식 자랑은 팔불출"이라 하여 가정사의 애기를 꺼리는 편이다. 더욱이 자랑스럽지 못하거나, 수치스러워하는 일은 상대에게 묻는 자체가 실례이기에 조심스럽다.

'병은 자랑하라'고 하지만, 건강 문제도 좌중에 누군가 먼저 나서서 얘기를 끄집어내면 그때서야 아픈 얘기들이 이어진다. 겉보기에 멀쩡한 사람도 어깨가 결리니, 무릎이 어쩌니 하며 숨겨둔 질병들이 나타난다. 속내를 들여다보면 나이 들어 아프지 않는 사람이 없다. 어느 가정에도 건강 문제, 재산 문제, 자식 문제……, 걱정거리 하나쯤 없는 집이 없다. "인생사에 곡절이 있고, 세상사 바람 잘 날 없다"는 말이 틀리지 않는 것 같다.

어느 날, 밀린 일을 처리하기 위해 야근을 하게 되었다. 옆자리의 P양도 야근을 하였다. 사무실 창 너머 멀리 자동차의 불빛들이 어둠을 밝히고 있었다. 넓은 공간에 두 사람의 자판 두드리는 소리만 정적을 깨고 있었다.

한참이 지나자 왠지 옆자리의 P양에 신경이 쓰였다. 길게 이어지는 침묵이 어색하여 "휴게실에 가서 차 한잔하자."는 제안을 하였다. 탁자를 사이에 두고 마주 앉았다. 여전히 쌈박한 화두가 떠오르지 않았다. 그렇다고 차만 마시고 있을 수는 없어, 평소에 궁금했던 그녀의 신상에 대한 질문을 하게 되었다.

"P양, 직장 일도 중요하지만 청춘사업이 더 급한 것 아니요?"

막상 말을 꺼내고 보니 그녀의 아픈 부위를 꼬집은 것 같았다. '실수를 범했다' 싶어 머쓱한 표정으로 그녀를 바라보았다. 갸름한 얼굴에 지적인 이미지와 몸매마저 잘 받쳐있었다. 누가 봐도 좋은 배필을 만날 조건을 두루 갖춘 여자였다. 그러나 아직 노처녀로 있다니 세상사가 참으로 요상하다는 생각이 들었다.

잠시 머뭇거리던 그녀는 "이 나이에 숨길 것도 부끄러울 것도 없다."며 담담하게 자신의 얘기를 털어 놓았다.

그녀는 서른 초반까지 혼담이 귀찮을 정도로 들어왔단다. 주말이면 선을 보러 이곳저곳을 바쁘게 다녔다. 이제 와서 생각하면 좋은 상대가 많았으나, 빨리 결단을 내리어 매듭을 짓지 않고 미적미적한 것이 잘못이었다. 그때는 혼담이 계속되리라 생각하고 선만 보고 눈높이만 키워왔다.

마흔을 넘어서자 선보는 일이 뚝 끊어졌다. 어쩌다 이혼남이거나 재취 자리에 혼담이 들어오곤 하였다. 그제야 후회하였으나 돌이킬 수 없는 일이었다. 지금은 아예 포기하고 독신으로 살려고 마음을 굳히고 있다고 하였다.

막상 독신으로 지내려니 주변의 시선이 만만찮았다. "처녀로 늙어서 어떡하느냐?"는 말이 귀에 딱지가 박혀있었다. "뭔가 흠이 있기에 처녀로 늙겠지……." 이렇게 함부로 판단하고 추측하는 눈총이 따가워 사람 만나는 일마저 싫어졌다.

친구들과 계모임을 하는 날이면 남편 얘기, 자식 얘기가 태반이었다. 흉이든 자랑이든 남의 얘기만 듣고 있으려니, 자신은 왠지 소외되고 불행한 존재인 것 같았다. 그보다 엄마에게 마음을 아프게 하는 불효막심한 일이었다. 딸 걱정에 잠을 설치는 엄마를 향해 "내 인생 내가 알아 할 테니 신경 쓰지 말라."며 쏘아붙인 일이 한두 번이 아니었다. 돌아서서 후회하곤 하지만, 그 순간을 참지 못하는 성미보다 일종의 자신의 처지를 합리화하려는 심리였다.

가정을 이루고 있는 사람은 가정이란 둥지의 의미를 간과하고 있지만, 그녀에게는 사랑하는 사람을 만나 자식을 낳고 가정을 꾸려 가는 여인이 부러웠다. 그 "소박한 가치의 보편적인 삶이 진정한 행복"이라는 것을 나이가 한 살씩 보태어질수록 더 절실 하다고 했다.

나는 평소에 말수가 적은 그녀가 심중에 묻어둔 얘기를 진솔하게 털어놓는 데 빠져들었다. 행복에 대한 가치기준이 세파에 깎이어 많이도 마모되어 있었다. 자신에 대한 깊은 성찰의 흔적이 묻어나면서, 그만큼 성숙한 여인의 모습을 들여다볼 수 있었다. 나는 그녀의 얘기를 그냥 듣고 넘겨서는 안 될 것 같았다. 무언가 도움을 줘야 한다는 의무감에 지배당하고 있었다.

집으로 돌아온 나는 그녀의 사정을 아내에게 얘기하고 중매를 부탁해두었다. 그로부터 두어 달이 지날 무렵 아내는 적당하다 싶은 자리를 구해 왔다. 나는 그녀를 만나 아내가 적어준 쪽지를 건네주었다. 그녀는 겸연쩍은 웃음을 지으면서 쪽지를 받아들었다.

그 후, 나는 인사이동으로 자리를 옮기게 되어 그 일을 잊고 있었다. 그런 어느 날, 그녀는 내가 근무하는 사무실로 찾아와 "좋은 사람을 만나게 해 주어 고맙다."며 예쁘게 만든 청첩장을 꺼내 주었다.

그녀는 분명 예전의 모습이 아니었다. 드높은 가을하늘처럼 맑고 밝았다. 평범한 주부로서 보편의 가치를 실현하려는 소박한 꿈에 흠뻑 젖어있었다.

<한맥문학가협회 사화집 제19호, 2014.>

제주 여행

숙질간, 형제자매간, 가까운 친척들이 함께 제주도 여행을 떠났다. 제주도는 개인별로나 계모임을 통해서 모두가 서너 번은 다녀왔다. 지금까지 대부분 많이 찾는 중문단지를 중심으로 유명세가 있는 곳을 제외하고 가보지 않았던 곳을 위주로 관광을 하기로 하였다.

대구에서 출발한 팀과 서울에서 출발한 팀이 제주에서 합류를 하다 보니 시간이 지체되었다. 점심시간을 넘겨 해물탕으로 허기를 채운 뒤 "차귀도"로 향했다. 차귀도는 손바닥을 펼쳐놓은 듯 평탄하면서 전체가 한눈에 들어오는 작은 섬이었다. 4월이라도 바닷바람은 냉기를 몰고 불어왔다. 땅속을 비집고 올라

온 풋 싹들이 제법 파릇한 낌새를 드러내고 있었다.

마른 억새가 바람에 나부끼었다. 가을에 왔더라면 억새가 연출하는 장관을 맛볼 수 있을 걸 하는 아쉬움을 남긴 채 "유리박물관"으로 자리를 옮겼다. 유리 조형물과 잘 어우러진 비밀의 정원. 넓은 공간을 차지한 장식 하나하나가 예술적 감각으로 꾸며진 신비스런 유리작품들을 둘러봤다.

해가 저물어 흑돼지 구이로 저녁을 하고 숙소인 '숲속의 정원'으로 돌아왔다. 입구에 전직 대통령이 다녀간 곳이라는 석조물이 설치된 걸 보니 시설이 괜찮을 것으로 짐작이 되었다. 예약한 호실로 들어가니 예상대로 깨끗하고 넓어서 숙소가 마음에 들었다.

여행 둘째 날, 아침에 일어나니 비가 내리고 있었다. 우도를 갈려고 했던 계획을 바꾸어 '에코랜드'로 갔다. 1800년대 증기기관차를 모델로 하여 제작된 기차로 4.5km의 '곶자왈' 원시림을 돌아보는 코스였다.

한라산 중턱에 자리한지라 비가 오락가락하면서 바람이 심하게 불어 몹시 추웠다. 여행객들은 너 나 할 것 없이 비옷을 사서 입고 추위에 떨면서 줄을 서서 기다리다 기차가 홈에 도착하면 탑승을 하였다.

이곳은 북방과 남방한계 식물이 공존하는 숲과 산정호수를 지나갔다. 용암 위에 처절하고 치열한 생명의 힘으로 바위를 덮고 그늘을 만들어주는 식물의 낙원으로 숲의 위대함을 느낄 수 있는 공간이었다. 아직은 고사리, 두릅 같은 봄나물들만 고개를 내밀고 있었다. 여기를 관광하기는 신록이 무성한 계절이 적기일 것 같았다.

오후가 되어도 비는 계속되어 '우도'로 들어갈 수 있는 배가 뜨지 않았다. 계획을 변경하여 '섭지코지', '선녀와 나무꾼 테마공원'을 관광하였다. 섭지코지는 제주 동쪽 해안에 아름다운 풍경이 일품이었다. 들머리에 해변 백사장, 끝머리 언덕 평원에 드리워진 유채 밭, 여유롭게 풀을 뜯는 조랑말, 그리고 해안절벽과 우뚝 치솟은 전설 어린 선바위를 만날 수 있었다.

이 선바위는 옛날 선녀들이 목욕을 하던 곳이라 했다. 선녀를 본 용왕신의 막내아들이 용왕에게 선녀와 결혼을 하고 싶다고 간청하였다. 용왕은 백일 동안을 기다리면 선녀와 혼인시켜 줄 것을 약속하였다. 백일이 되던 날 갑자기 파도가 높고 바람이 거세져 선녀는 내려오지 못했다. 용왕이 이르기를 너의 정성이 부족하여 하늘이 뜻을 이루지 못한다고 했다. 이를 슬퍼한 아들은 이곳 섭지코지에서 선 채로 바위가 되었다는 슬픈 전설을 간직하고 있었다.

'선녀와 나무꾼 테마공원'은 우리나라의 1950~80년 사이 삶의 모습을 재연해 놓은 박물관이었다. 지금은 찾기 힘든 잊힌 그때 그 시절을 보고 느낄 수 있는 곳이었다.

옛 도시의 모습인 시장 거리, 달동네의 모습과 농어촌의 풍속, 농기구와 생활용품들을 드라마의 세트장처럼 실제 모습으로 생동감 있게 꾸며 놓았다. 그 시절의 교실 풍경과 교과서, 학용품도 전시되어 있었다.

한편에는 팽이치기, 딱지치기, 고무줄놀이를 재현할 수 있게 하여 어른들에게는 지난 세월을 추억하고 청소년들에게는 부모님 세대의 고단한 삶을 이해할 수 있는 공간이기도 했다.

새벽에 잠을 깨고 나니 더 잠이 오지 않아 옆 사람에 방해가 될까 봐 눈을 감고 가만히 누워 있었다. 밖에는 비 오는 소리가 요란하였다. 삼 일째 관광 일정도 차질이 우려되었다. 아침 식사를 마치고 어떻게 해야 할지 몰라 숙소에 대기하고 있던 차에 가이드가 나타났다.

제주도는 비가 오면 오는 대로 관광 할 곳이 있다면서 "엉또 폭포"로 안내하였다. 평상시는 물이 없어 말라 있다가 강우량이 70밀리 정도면 폭포의 기능을 하게 되는 곳이었다. 지난밤에 80밀리 이상의 비가 내려 아주 멋진 광경을 볼 수 있는 행운을 얻은 것이라고 설명을 했다.

엉또폭포는 서귀포 강정동 월산마을 천변을 따라 올라가니 50m에 이르는 높이에서 위용스러운 자태를 드러내고 있었다. 주변의 기암절벽과 조화를 이루어 독특한 매력을 발산하여 탄성을 자아내게 하였다.

이어서 '돌 마을'과 '석부작 박물관' '주상절리'로 갔다. 돌 마을은 화산활동을 통해서 생겨난 다양한 형상의 돌을 수집하여 전시해 둔 곳이었다. 돌탑과 아기자기한 돌 인형이 인상적이었다.

석부작 박물관 역시 화산에서 생겨난 현무암 위에 풍란과 야생화를 착근 시켜 하나의 예술품으로 만들어낸 곳이었다. 투박한 돌덩이를 초록의 뿌리가 굽이굽이 휘감으며 껴안아 가는 소박하지만 질긴 생명력을 고스란히 보여주고 있었다.

풍란을 비롯해 복수초와 고란초, 죽백란, 만년석송 등 제주에서만 볼 수 있는 야생식물과 철 지난 동백꽃도 보이고 철쭉이 한창이었다.

중문단지 동부지역 해안가의 주상절리는 막혔던 가슴이 탁 트이도록 시원스레 부서지는 파도와 신이 다듬은 듯 정교하게 겹겹이 쌓은 검은 돌기둥이 병풍처럼 펼쳐있어 자연의 위대함과 절묘함을 맛볼 수 있었다. 주상절리는 주로 현무암의 용암이 화구로부터 흘러나와 급격히 식으면서 수축작용으로 형성된 것이라고 설명해주었다.

여행 마지막 날이었다. 다행히 비는 오지 않았지만 흐리고 바람이 많이 불었다. 안개가 끼어 앞이 잘 보이지 않았다. 일행이 모두 가보지 않는 마라도 여행을 할 수 있을지 궁금했다. 가이드도 해운회사 관계자와 분주히 통화를 하고 있었다. 결과는 11시경에 출항이 가능하다고 알려 왔다. 아직 한 시간 반이 남아 있어 계획에 없던 “송악산 올레길”을 걷기로 하였다.

송악산은 가파도와 형제섬이 보이는 곳이었다. 바다를 씻겨온 바람과 능선에 이어지는 푸른 잔디의 풋풋한 감촉이 아름다웠다. 해안 절벽에는 일제 때 일본군이 진지 구축을 위해 뚫어놓은 동굴이 여러 개 남아 있어 지난날의 아픈 역사를 말해주고 있었다.

시간에 맞추어 모슬포 항으로 이동하여 마라도행 배에 올랐다. 높은 풍랑을 헤치고 30분이 지나자 도착되었다. 섬에는 우리나라 최남단을 알리는 기념비가 세워져 있었으며 해안을 따라 섬을 일주하는 데 한 시간 정도로 충분하였다. 바람이 세게 몰아쳐 몸이 날려갈 것만 같았다. 섬을 일주하고 해물짜장면으로 점심 식사를 하며 추위를 녹였다.

마라도는 화려하지 않는 자연 그대로 소박한 섬이었다. 볼거리가 없어 실망스러웠지만 우리나라 최남단의 땅을 밟아 보았다는 데서 특별한 의미와 감회를 느끼게 하였다.

일기가 불순하여 모슬포 항으로 돌아가는 배가 오늘은 오후 1시에 한 척뿐이라는 안내방송이 흘러나왔다. 일행은 총총걸음으로 그 배를 타고 마라도를 떠나왔다.

이번 제주여행은 날씨 관계로 당초 계획을 변경하여 가이드가 선정해주는 장소를 관광하였지만 나름대로 만족하였다. 친척들과 화목을 다지고 추억을 만드는 뜻깊은 시간이었다.

<2015. 4.>

하루를 마감하며

하루의 일과를 마치고 집으로 돌아오는 길은 무거운 짐을 내려놓은 듯 한결 가볍습니다. 오늘은 왠지 그냥 걷고 싶어서 중앙로로 발길을 옮겼습니다. 세상을 밝혀 주던 태양은 어느덧 자취를 감추었습니다. 가로등이 부스스 눈을 뜨고 네온사인의 불빛이 번득거립니다. 이들이 태양의 역할을 대신하고 있습니다.

손에 손을 잡은 젊은이들이 어디론가 향하고 있습니다. 너무나 부러운 발랄한 모습들입니다. 삶이 괴롭다느니 어쩌니 해도 이들에게는 통하지 않는 진지한 사랑을 엮어 가고 있으리라 믿습니다.

어깨가 부딪칠 정도로 혼잡합니다. 넘치는 인파에 휩쓸려 한참을 걷다 보면 나만이 고독하고 초라한 것 같습니다. 인간의 시루 같은 중앙로를 걸으면서도 고독을 느낀다는 건, 내 영혼은 허허벌판에서 길을 잃고 방황하고 있는 것인지도 모릅니다.

시끌벅적한 중앙로를 지나서 작은 골목으로 발길을 옮겼습니다. 간간이 지나는 사람과 마주할 뿐입니다. 내 발걸음 소리가 뚜벅뚜벅, 시끄럽게 인식되는 한적한 길입니다. 집집마다 담장 너머로 새나는 불빛과 방범등 불빛이 어우러져 골목을 밝히고 있습니다. 주방에서 풍겨나는 음식 냄새들이 허기를 느끼게 합니다. 주부들은 일터로 나간 식구들을 맞이할 준비에 바쁜 시간입니다.

긴 골목길을 지나, 어느덧 내 집이란 곳에 도착하였습니다. 낮 동안 떨어졌던 식구들이 반겨줍니다. 아내의 정성이 담긴 밥상 앞에 둘러앉았습니다. 오늘은 또 어떤 일이 있었는지 저마다의 얘기를 나누며 가족과 더불어 행복의 의미를 찾으려는 소중한 자리입니다.

밤이 이슥해지자 오늘의 피로를 풀고 내일을 위한 에너지를 충전하러 잠자리에 누웠습니다. 온 세상이 어둠에 감싸여 고요하게 깊어가고 있습니다. 모든 생명체에 엄숙한 가호가 내려지는 순간들입니다.

가만히 눈을 감아 봅니다. 문득 우주의 회전이 참으로 신비로워집니다. 내가 누워있는 이 육중한 땅덩이가 무슨 원리로 소리 없이 움직이고 있을까. 그 움직임을 조금도 감지할 수 없는 사실 앞에 궁금증이 더해지고 있습니다.

이 밤이 지나면 또다시 내일의 태양이 떠오를 것입니다. 지구의 회전은 잠시도 멈추지 않고 밤과 낮을 어김없이 연출하고 있습니다. 누구도 간섭하고 변동시킬 수 없는 이 우주의 원리가 오묘할 뿐입니다.

우리의 조상들은 우주가 펼쳐놓은 거친 환경에 생명을 지키기 위해 도전을 거듭해왔습니다. 더 안전하고 좋은 환경으로 변화시키기 위한 노력은 끊임없이 이어졌습니다.

그런 노력의 덕분에 오늘날 우리의 삶은 편리하고 윤택함을 누리고 있습니다. 그러나 인간의 내면을 들여다보면 살아가는 일이 옛날보다 더 복잡하고 경쟁적이어서 스트레스에 쌓여 분명 녹녹지 않습니다.

행복이냐 불행이냐는 한가한 독설이라 생각되기도 합니다. 가식과 위장으로 포장된 삶의 현장에서 인간의 본질을 드러낼 수 없는 일들이 너무나 많습니다. 때로는 헛웃음도 피워야 하고 노여움도 감춰야 합니다. 그러고 보면 양심을 벗어나지 않으려는 노력에 얼마나 충실했는가가 중요하다고 느껴집니다. 이 순간처럼 늘 마음의 거울에다 비춰보는 성찰의 시간을 말입니다.

바로 이 작은 공간에서 하루를 돌아보고 안식을 누릴 수 있음은 분명 밤이 내리는 선물입니다. 하늘의 어둠과 지상의 행복이 만나는 고귀한 순간입니다. 그 무엇인가의 영혼 깊은 곳에서 우러나는 심장의 고동소리를 들을 수 있습니다. 오늘도 내 삶의 한 페이지가 아쉽게 마감되고 있습니다.

2.

가을 나들이

‘세월이 유수와 같다’는 말은 계절이 바뀔 때면 더욱 실감이 난다. 무더운 여름이 가고 아침, 저녁으로 찬바람이 스미는 가을을 맞이하면 더 그런 느낌이다.

여름밤 열대야 현상으로 잠을 못 이뤄 그렇게도 짜증스럽고 길게 느껴지던 무더위가 사라졌다. 가로등 불빛에 밤인 줄도 모르고 시끌하던 매미들의 울음소리도 한순간 온데간데없어졌다.

한층 높아진 쾌청한 하늘을 마주하며, 반복되는 삶의 굴레를 벗어나고 싶은 충동에 도심을 빠져나왔다. 차창 밖으로 지나가는 가을은 터질 듯이 짙어 있었다. 넓은 들판에는 추수가 중반을 넘었다.

아직 농부의 손길이 닿지 못한 논에는 황금물결이 여전하였다. 붉게 익은 사과는 주렁주렁 매달려 풍요로운 흔적을 더해주었다. 논두렁에는 온갖 풀들이 메마른 몸으로 씨앗을 터트리고 빈집만 바람에 하늘거리고 있었다.

도로변에는 전성기를 지난 코스모스가 앙상하게 말라가며 씨앗을 달고 몇 송이 끝 꽃을 피우고 있었다. 가로수도 잎새를 떨구고 계절의 순환에 쫓겨나고 있었다. 변해 가는 자연을 접하는 순간, 우리네 인생도 저렇게 한해살이라면 아귀다툼도 과분한 욕심도 생겨나지 않을 거라는 생각이 들었다.

정처 없이 떠나온 길이라, 한참 가다가 바위 사이로 물소리 요란하고 풍광이 마음에 드는 곳에다 차를 세웠다. 그러고는 오솔길 따라 쉬엄쉬엄 산으로 올라갔다. 산에서 내려다보는 건너편 산자락의 단풍은 가을 햇살과 어우러져 적, 황, 갈색으로 타오르고 있었다.

전망이 좋은 곳에 주저앉아 땀방울을 닦았다. 대체 이 가을 나는 무엇에서 그 의미를 찾을까, 나의 가을도 저렇게 화려한 빛을 발산하려면 무엇을 해야 할까? 이런 생각들이 스치면서 지난날을 더듬으며 화려했던 단면을 찾아보려 했다.

계곡을 따라 굽어 흐르는 물길이 길게 이어졌다. 그 물속으로 산 그림자가 거꾸로 드리워져 홍건한 가을을 적시고 있었다.

나는 혼자 보기 아까운 풍경들을 사진으로 담아 보았다.

산길을 걸어 더 높은 곳으로 올랐다. 굴참나무, 단풍나무, 굴피나무…… 여름 한 철 그렇게도 싱그러움을 더해주던 나무들이 잎새를 떨구는 것을 보며 자꾸만 가슴 한 모퉁이가 미어지듯 허전함이 밀려들었다.

산길에서 만난 구절초가 가던 걸음을 멈추게 하였다. 잡초들 틈에서 말없이 자라, 차가운 서리를 맞고 함초롬히 피어나 햇볕을 쬐고 있었다. 주변의 풀들이 생명을 다할 때 청량한 향기를 품어내고 있으니 아름답다기보다는 대견스럽고 장하게 여겨졌다.

나는 구절초의 꽃술을 만지며 지난 계절 흔적 없이 사라져 간 수많은 들꽃을 그려보았다. 그리고 내 곁을 떠난 사람을 떠올렸다. 지금 이 꽃은 지난해 피었던 꽃과 무엇이 다를까. 만져보고 향내를 맡아봐도 다를 바 없는 지난해와 같은 모습으로 돌아왔다. 사람도 저 들처럼 다시 돌아올 수 있다면 무엇이 더 부러울까.

우린 누군가를 사랑하고 그리워하면서도 끝내는 돌아올 수 없는 길을 떠나보낸다. 떠나보내는 슬픔을 못 견디게 괴로워한다. 그렇지만 세월은 그 아픔을 무디게 하면서 기억에서 멀어지게 한다. 그 많은 흔적도 여지없이 덮어버리고 만다. 그래서 세월이 무정하다는 걸까. 해마다 이때면 분명 지난해 꽃은 아니지만 그 꽃과 다름없는 자태로 피어나 세월의 흐름을 말해주고 있다.

지금 이 순간 낙엽을 떨구는 나무와 숨죽이고 시들어가는 풀들의 한 생애를 살피게 한다. 그러고는 인생을 그들의 생애와 비교해 본다. 가을은 누군가 떠남의 계절이라 했다. 벼가 들판을 떠나고, 잎이 가지를 떠나고 있다. 떠나도 그들은 그냥 떠나지 않는다. 꼭 이 땅에 무엇을 던지고 간다. 열매를 던진다. 그리고 열매가 새로운 생명으로 태어날 수 있도록 낙엽이 되어 덮어주고 있다.

상수리나무 밑에 도토리가 무더기로 떨어져 있다. 나의 기척에 놀란 다람쥐들이 도망을 치고 있다. 그들은 가을이 내려주는 풍성한 양식을 거두어 겨울 채비를 하는 모양이다.

툭-툭- 소리 내어 떨어지는 도토리를 주워 매만져 본다. 비바람과 찌는 무더위와 사투를 벌이면서 토실토실하게 영근 결실이다. 깊어가는 이 가을, 이 땅에 무엇을 남겨야 할지 진지한 숙제를 안고 산길을 내려온다.

<수필문예 제3호, 2005.>

곁눈질

어떻게 사는 것이 보람되고 의미 있는 삶일까. 나는 지금 작은 보람이라도 느끼며 살고 있는 것일까. 자신에게 질문을 던져보면 그저 마음이 갑갑해집니다. 이럴 때는 무작정 집을 뛰쳐나가 봅니다. 사람들이 법석이는 중앙로나 도시 근교의 유원지 같은 곳입니다. 거기서 만난 사람들의 모습에서 나의 일상을 대입시켜 볼 작정에서입니다.

별난 영상들이 시야에 잡히고 있습니다. 대낮 도심에서 스스럼없이 포옹하며 사랑을 표현하는 젊은이들을 만나게 됩니다. 세상 참 좋아졌다는 생각이 듭니다. 우리 때는 남이 보는 앞에서 꿈도 꾸지 못할 일입니다. 길모퉁이에 남녀 고등학생들이 둘러서서 보란 듯이 담배를 피워댑니다. 내 눈에는 영 거슬립니다. 전혀 남을 의식하지 않는 그들의 용기가 나를 놀라게 하고 있습니다.

여성들의 바지는 더 올라갈 수 없을 정도로 올라가 있습니다. 팬틴지 바진지 구별이 안 되게 짧아졌습니다. 여름날의 중앙로는 안방으로 착각할 정도로 노출되어 있습니다.

그건 그렇다 치고 며느리가 시아버지 앞에, 장모가 사위 앞에 이런 차림으로 대하는 일이 아무런 거리낌 없는 시대가 되었습니다. 나는 아무래도 부적절하다는 생각이 듭니다. 옷차림도 장소와 상대에 따라 갖추어야 할 분명한 예절이기 때문입니다.

중년의 여인들이 키득거리며 좁은 보행로를 다 차지하고 지나갑니다. 어느 고급레스토랑에서 점심 식사를 하고 나온 모양입니다. 그들의 삶이 여유롭고 즐거워 보입니다. 그 뒤를 이어 걸음걸이가 부자연스런 노인네를 보면서 세월의 무게를 느끼게 합니다. 나도 왼쪽 무릎 관절이 좋지 않으니 언젠가 저러면 어쩌나 하는 두려움이 문득 밀려오고 있습니다.

끊이지 않는 행렬에 하나도 같은 모습을 찾아낼 수 없습니다. 조물주의 만능하신 조화에 재삼 감탄을 하게 됩니다. 굳게 다문 입술, 지친 걸음걸이, 덤덤한 표정들……, 단순히 저들의 자태로 행복감을 측정하기는 쉽지 않는 일입니다. 그러나 그들의 표정에서 희로애락을 피상적으로는 유추할 수 있을 것 같습니다.

거리의 인파에 휩쓸려 방황하다 보면 사람 사는 세상이 참으로 요상해집니다. 하나같지 않는 표정, 서로 다른 옷차림, 저마다 생계를 꾸려 먹고 살아가는 방법들이 놀랍습니다. 그런가 하면 상식을 벗어난 젊은이들의 행동에서 너무 다른 세상을 보는 듯합니다.

운동 경기장에서는 건장한 체격에 뛰어난 선수들의 기량이 부러워집니다. 화랑에 들르면 그림 공부를 하지 못함이 아쉬워집니다. 재치 있는 유머와 아름다운 목소리로 관중의 마음을 사로잡는 공연을 관람할 때면 그들의 연기에 빠져들게 됩니다.

유명 인사들의 자서전을 읽다 보면, 그들은 어찌하여 그 많은 분야를 섭렵하여 박학다식한 만능박사가 되었을까 하는 놀라움과 존경스러움이 앞섭니다. 그들의 끈질긴 도전, 불굴의 의지와 용기에 탄성이 나오게 됩니다.

어느 장인匠人의 성공담을 옮겨 봅니다. 그는 이곳저곳을 기웃거리지 않고 미련스럽게 한 우물을 팠습니다. 그가 입문할 당시는 겨우 숙식만 해결되면 족했습니다. 욕심을 부릴 줄 모르고 거기에 몰입했습니다. 세월이 지나니 경륜이 쌓여 기능인으로 대우를 받게 되고, 마침내 돈을 벌고 명성도 얻게 되었습니다.

나는 이들의 삶을 곁눈질하면서 자신을 평가하고 탓하게 됩니다. 끈기 있게 물고 늘어지는 독기가 부족했습니다. 늘 작심삼일의 연속이었습니다. 그냥 여기저기를 기웃거리며 허튼 세월을 보냈다는 생각이 듭니다.

조물주는 인간들에게 저마다 다른 재능과 복을 내려주었습니다. 그래서 남과 비교하다 보면 자기의 부족한 것만 보일 뿐입니다. 남의 재능을 부러워만 할 것이 아니라 내가 하고 있는 일에 신명을 바치다 보면 어느 날 좋은 결과가 찾아들 것이라고 마음을 고쳐먹었습니다.

코스모스

가을이면 코스모스가 형형색색으로 꽃을 피우고 있다. 멕시코가 원산지인 코스모스는 1920년을 전후하여 우리나라에 들어와서 신작로와 학교 화단에 심어졌다 한다.

사람들은 낯선 꽃씨를 따다가 담 벽이나 마을 어귀에 뿌렸다. 그런 것이 해마다 싹을 틔우고 꽃을 피웠다. 이 꽃씨가 바람에 날리고 홍수에 떠내려가 우리의 강토에 널리 퍼져 어디에서도 잘 자랐다. 도로변이나 냇가의 자갈 더미나 건설 현장의 생토가 드러난 척박한 땅에서도 탈 없이 번식을 하였다.

코스모스는 가을바람이 불면 가녀린 몸을 설레설레 흔든다. 그 애잔한 모습은 오가는 길손의 마음을 흔들어 그리움과 추억에 젖게 한다. 이맘때면 우리나라 어느 곳을 가더라도 이런 풍경을 쉽게 만나게 된다.

최근 지구촌은 가뭄과 폭염, 태풍과 폭설 같은 기상이변이 늘어나고 있다. 대기오염으로 인한 지구의 온난화는 북극의 빙하를 녹여 해수면을 올라가게 한다. 이런 추세라면 "아프리카의 최고봉인 킬리만자로의 만년설도 머지않아 사라질 것"이라는 가설이 사실이 될 것 같다.

우리나라도 여름이 상대적으로 길어지고 기온의 상승으로 남부지방은 아열대성 기후로 변화하는 징후가 나타나고 있다. 그런 탓인지 코스모스가 여름에 피어나는 것을 흔히 보게 된다. 한여름 폭염 속에 피어난 코스모스는 왠지 정감이 가지 않는다. 역시 코스모스는 드높은 하늘 아래 울긋불긋한 단풍과 서늘한 가을바람에 잘 어울리는 꽃이다.

화훼 전문가의 말을 빌리면 한여름에 꽃을 피우는 신품종 코스모스가 개발되었다고 한다. 조생종인 신품종은 씨를 뿌린 후 50일 정도면 꽃을 피우게 된단다. 파종 시기에 따라 꽃피는 시기까지 조절하는 종묘기술이 발전되었다고 하니 기상이변의 탓만은 아닌 것 같기도 하다.

오랜만에 시골길을 향했다. 서늘한 바람이 차창으로 기어들었다. 푸른 하늘 아래 황금빛 들판은 풍요로웠다. 도로변에는 코스모스 꽃이 한창이었다. 꽃길 따라 한참을 지나 조그마한 마을에 닿았다. 좁은 골목길을 걷다가 대문도 없는 마당이 훤히 들여다보이는 집으로 들어갔다. 팔순의 할아버지가 말린 고추를 포대에 담고 있었다. 탐스럽게 익은 고추는 가을 햇살에 윤기가 반지르르 흘렀다.

마당에 들어서서 어디에 사는 누구라고 밝히며 인사를 드렸다. 사람의 발길이 뜸한 적적함이 감도는 마을, 낯선 사람의 방문을 반기며 평상에 앉기를 권했다. 나는 서둘러 김장용으로 고추 두 포대기를 샀다. 달덩이만 한 호박을 덤으로 얻기도 하였다.

할아버지는 하던 일을 멈추고 자신의 며느리 자랑을 늘어놓았다. 나는 쉽게 자리에서 일어설 수가 없었다. 마흔이 넘은 아들을 장가를 보내지 못하다가 지난해 베트남 여성을 며느리로 맞이하여 금년에 손자를 얻었단다. 집안에 대를 이어주니 "내 생애에 이보다 더 큰 선물이 어디 있느냐."며 기뻐하는 팔순 할아버지의 주름진 얼굴에 가을 들녘만큼 넉넉함이 배어났다.

약 100년 전에 들어온 코스모스는 재래종이 감당하지 못한 황폐한 자리를 메워주고 있다. 하늘하늘 가녀린 몸매를 흔들며 가을을 대표하는 우리의 꽃으로 확실히 자리매김하고 있다. 이제는 아무도 외래종이라 업신여기는 꽃이 아니다.

우리의 시골 곳곳에는 외국에서 시집온 새댁들이 낯선 땅에서 둥지를 틀고 있다. 아기의 울음이 끊기고 폐허로 변해가는 농촌에 새로운 희망을 심고 있다. 한국의 멋과 맛에 반한 귀화인들도 점점 늘어나고 있다.

이들은 당당한 한국인으로 꿈을 키우고 있다. 머지않아 코스모스처럼 뿌리를 내려 풍성한 꽃을 피우리라. 이 땅에 혈통을 중시하던 순혈의 신화는 소리 없이 무너져가고 있다. 앞으로 전개될 다문화 사회, 알력과 갈등을 줄이고 격조 높은 윤리와 도덕이 살아 있는 공동체가 어떤 모습으로 다가올지 사뭇 궁금해진다.

<청송문학 제21호, 2013.>

목련꽃 그늘에서

봄이 왔나 보다. 바람은 아직 차갑지만 볕살은 온기를 전해 주고 있다. 강가에 마른 풀숲 사이로 푸른 생명들이 꿈틀거리고 있다. 벼랑 아래에도 봄의 징후가 보이고 있다. 긴 겨울잠에 깨어난 목련이 백옥 같은 꽃송이를 쑥 내밀고 있다.

초목들은 계절의 변화를 알려주는 전령사와 같다. 그들은 철에 맞춰서 새순을 돋아내고 꽃을 피운다. 꽃은 아름다운 색감으로 화사함과 향기로움으로 우리에게 기쁨을 선사해 준다. 형형색색의 얼굴로 꽃술을 드러낼 때, 그 오묘함은 놀라움과 위안을 안겨다 준다.

초목들이 봄소식을 전할 때는 긴 겨울 속에 잠자던 내 영혼을 깨우고 있다. 겨울바람에 잔뜩 움츠리고 있던 가지 끝에서 저런 예쁜 꽃송이를 달고 있으니 얼마나 신통한가. 저들은 오늘이 시간이 있기까지 그 멀고 차가운 길을 더디게 느껴지는 걸음으로 얼마나 힘들게 달려 왔을까.

계절의 순환은 한 번도 어긋남이 없이 물러나고 다가오고 있다. 그 순환을 예고하는 초목들의 변신은 희로애락의 인간의 감성을 자극하고 있다. 새싹을 돋우고 향기로운 꽃을 피워, 풍성한 열매를 맺고는 생을 마감하는 일련의 과정은 인간의 생로병사와 맥락을 같이하고 있다.

봄꽃은 아름답고 화사함에 비해 개화 기간이 짧아 많은 아쉬움을 느끼게 한다. 한순간 와르르 무너지는 낙화의 모습에서 생명의 덧없음을 일러 주고 있다. 힘들고 아파하던 날들에 비하여 그가 펼쳐내는 화려함은 순간에 불과하기 때문이다.

세상에 영원한 것이 어디 있을까만, 이렇게도 빨리 떨어져 가는 꽃들을 보면서 주변을 돌아보고 욕심을 내리며 한 발짝 성숙의 길로 다가서게 해준다. 하찮은 풀 한 포기에서 용서와 포용이라는 여유로운 심성을 품을 수 있는 교훈을 얻어내고 있다.

더 멀리, 더 높은 곳만을 향하다보면 가까이 있는 인연을 소홀히 하는 잘못마저 깨우쳐주고 있다. 우리의 육신은 순간순간을 꽃처럼 새롭게 피어날 수는 없지만 꽃과 같은 향기로움으로 낮고 그늘진 곳에다 기쁨을 줄 수 있다면 세상은 더 밝아지리라 믿는다.

뜰 가득히 봄볕이 쏟아져 내린다. 목련꽃이 눈부시게 피었다. 목련꽃 그늘 아래 나란히 앉은 노부부는 무언가의 대화를 주고받고 있다. 그 광경이 무척 정겨워 보인다. 무슨 대화를 나누는지 다가가 귀를 기울이고 싶다. 그러나 그 소중한 시간을 방해해서는 안 될 것 같다. 한참이나 먼눈으로 지켜보면서 한 편의 시를 엮어 보았다. 제목은 고민하던 끝에 노망老望이라 하였다.

추위가 물러난 뜰에
숨을 끊고 있던 졸가리에서
뻥긋, 웃어대는 목련꽃

오메, 저 꽃송이 좀 보오!

저렇듯 우리도
벅차게 안겨오는 젊은 날의 초상을
다시 그릴 수 있을까

주홍빛 치맛자락 펼쳐놓은

노을 아래
주름진 얼굴을 마주하며
철부지같이 새살대는 사이

봄날은 살래살래
꽃가지를 흔든다

<한맥문학가협회 사화집 제11호, 2016.>

발리 여행

발리섬으로 가기 위해 수카르토 하타공항에 도착했다. 비행기 출발 시간이 두 시간 정도 남아 있었다. 공항 광장을 조금 벗어나 야자수 아래 잔디밭에 자리를 잡았다.

전 행선지인 인도네시아의 수도 자카르타에서 민속박물관과 메르데카 광장을 돌아본 저마다의 느낌을 소재로 얘기하면서 시간을 보냈다. 민속 박물관에는 고대 인도네시아 사람들의 생활상을 엿볼 수 있었으며 특히 야자수 잎으로 지붕을 덮은 특이한 건축양식의 왕궁이 매우 생소하고 신기했다.

메르데카 광장의 대표적인 시설로는 1945년 네덜란드로부터 독립한 인도네시아의 독립기념관이 있었다. 거기서 독립을 쟁

취하려는 투쟁의 역사를 볼 수 있었다. 인도네시아도 우리나라와 비슷한 운명이었다. 우리나라도 일본으로부터 1945년에 독립한 것이 아닌가. 감옥에 감금되고 무력에 쫓기고, 민중들이 피를 흘리는 항쟁의 역사를 전시한 내용들이 우리의 독립기념관의 모습과 같았다.

비행기 출발 시간까지 무료함을 달래기 위해 잔디밭에 둘러앉아 고스톱 판을 벌이고 있었다. 이 광경을 지켜보고 있던 낯선 얼굴의 한 사람이 다가와서 "한국에서 오셨습니까?" 하고 인사를 했다. 40대 중반으로 보이는 인도네시아 사람이었다. 그는 손을 내밀고 악수를 청했다. 키는 작지만 서글서글한 인상에 호감이 갔다. 한국말을 비교적 잘하는 편이었다. 그는 우리나라를 왕래하면서 소규모 무역업을 한 지 6년이 되었다고 자기소개를 하였다.

주로 서울 남대문시장의 의류, 부산에서 공구류 등을 수입하는 일을 하고 있었다. 한국 상품은 품질이 좋아서 그때그때 수요에 따라 필요한 물품을 인도네시아로 가져오면 인기가 좋아 잘 팔린다고 하였다. 그는 "한국 사람을 만나서 반갑다."고 하면서 캔 맥주를 사서 우리 일행에게 나누어 주었다.

예기치 않던 그의 친절에 모두가 놀라워했다. 시원한 맥주가 후텁지근한 날씨에 갈증을 덜어주었다. "생면부지인 우리에게 왜 이런 친절을 베푸느냐?"고 물어보았다. 그는 한국을 왕래하면서 한국 사람들의 친절함에 많은 감동을 받고 있다고 했다. 그리고 한국을 상대로 거래하면서 상당한 돈을 벌게 되어 "한국은 고마운 나라"라고 했다.

그의 얘기를 들어보니 국가의 이미지가 이렇게 중요하구나 싶었다. 한국 상품의 우수성, 한국 사람들의 친절, 편리하고 안전한 인프라, 이런 것들이 그는 한국을 참 좋은 나라로 인식하게 하고 있었다. 헤어질 때 그의 입에서 "코리아 베스트"를 외치며 손을 흔들어 주었다.

수카르노 하타공항에서 오후 5시에 출발한 비행기가 발리의 덴파사르 응우라라이 공항에 도착하니 밤 10시였다. 다섯 시간이 걸린 셈이었다. 우리는 공항에서 버스로 30분 거리를 지나 발리비치 호텔에서 여장을 풀었다.

발리는 제주도의 2.7배의 면적으로, 섬 전체의 인구는 270만 명이고 수도인 덴파사르는 인구가 12만 정도라 했다. 가장 춥다는 9월의 날씨가 섭씨 32도였다. 밤낮의 기온차가 심하여 11도까지 내려가서 잠을 자기에는 불편함이 없었다. 일단 여행 시기는 잘 선택한 것 같았다.

아침에 느지막하게 일어나 식사를 마치고 호텔에서 1시간 거리에 있는 민속공연장에서 바롱댄스를 관람하였다. 객석은 200

석 정도였다. 일본, 중국, 미국, 유럽인들이 자리를 채우고 있었다. 말을 알아들을 수 없어 공연의 테마는 이해가 가지 않았다. 그러나 특유의 의상과 유연한 손동작에 정신이 홀렸다.

오후에는 수영복을 입고 호텔 바로 앞에 펼쳐진 인도양의 푸른 바다로 나갔다. 넓고 길게 펼쳐진 백사장. 깨끗한 바닷바람에 여행에 지친 피로를 잠시나마 잊게 해주었다. 호수처럼 잔잔한 물결 속에 세계 각국의 인종들과 함께 몸을 담그며 저마다의 언어들로 웃고 뛰면서 즐기고 있었다.

다음 날은 킨타마니 전망대로 향했다. 여기서는 바투르산 화산지대를 내려다 볼 수 있는 곳이었다. 바투르산은 높이가 1,700m로서 3차례의 화산이 폭발한 곳이라 했다. 화산의 폭발로 인해 사원과 민가를 휩쓸고 많은 인명을 앗아 갔다. 그 후 수심 270m의 장엄한 호수가 생겨났다고 하였다. 킨타마니 전망대 정원 한편에 무궁화가 피어 있는 것을 발견했다. 일행들은 너무 반가워서 무궁화를 배경으로 기념사진을 촬영하였다.

전망대를 내려와 탐팍시링의 티르타 힌두교 사원에 도착했다. 사원의 건축물과 조각품들이 웅장하면서도 섬세했다. 사원 중심에 맑은 샘이 솟고 있었다. 물이 귀한 발리 사람들은 이곳을 신이 내린 성지로 여겨 왔다. 사원 내에는 물론 민가가 있는 거리에도 노랑, 파랑, 분홍의 깃발이 펄럭이고 집집마다 바나나 잎으로 만든 쟁반에 음식을 담아서 대문 앞에 내어 놓았다. 이것은 신에게 바치는 음식으로 '짜낭'이라고 했다. 우리나라에 굿이나 고사를 지내고 음식을 내어 놓는 풍습과 비슷한 것 같았다.

은제품 공예마을에는 액세사리, 식기, 수저, 등의 가공제품들이 전시되어 있고, 목각마을에서는 여러 가지 모형을 조각한 제품을 판매하고 있었다. 대체로 가격은 비싼 편이었다. 상품은 섬세하고 정교했다. 알고 보니 이곳 사람들의 손재주가 세계적으로 유명하였다. 이들은 사실적 표현은 잘하지만 추상적인 표현에는 수준 이하라 했다. 역시 창의력은 부족한 민족이라는 생각이 들었다.

힌두교 문화의 보고인 발리는 기후환경과 풍습이 너무나 달랐다. 연중 날씨가 더우니 옷은 남방과 반바지면 충분하였다. 바나나, 파파야, 망기스 같은 열대과일이 풍성하여 먹거리를 구하기가 매우 쉬웠다. 그러기에 사람들의 행동이 느리고 나태하였다.

사계절이 뚜렷한 나라는 계절마다 다른 먹거리를 생산해야 하고, 계절에 맞는 옷을 바꿔 입어야 했다. 그런 이유로 농업과 의류산업이 발전하게 되면서 세계문명을 선도해 온 것 같다. 기후와 자연환경이 인간의 근면성과 지능발달에 지대한 영향을 미쳐 왔다는 사실을 익히고 체험하는 여행이기도 했다.

<1991. 9.>

넓은 바다를 품고

지난밤에 자식 문제로 얼굴 붉히는 일이 있었다. 해가 중천에 떠야 일어나는 둥, 일상의 행동이 느릿한 이유에서였다. 그뿐 아니라 묻는 말에도 대답을 잘 하지 않는 것이 영 맘에 들지 않았다. 이런 애들을 불러놓고 욱하는 성격에 고함을 지르며 한마디 했다. 이를 지켜보고 있던 아내는 "가정에 공포 분위기를 조성한다."며 아이들 편을 들고 나선 것이 끝내 둘의 싸움으로 번졌다.

"당신은 어째서 애들을 윽박지르려 하느냐, 할 얘기가 있으면 조용조용 타일러야지, 상대의 감정을 상하게 해서 무슨 교육이 되느냐."다. 이렇게 시작된 다툼이 해묵은 잘못까지 털어 내었다. 더 이상 맞대응은 싸움이 커질 것 같아 버럭 화를 내며 일어나서 내 방으로 들어와 버렸다.

아침에 일어나서도 분위기가 냉랭하였다. 그렇다고 내가 먼저 대화를 시도할 기분도 아니었다. 나는 아무 말 없이 대문을 나와 차를 몰았다. 이른 아침이라 거리가 한산하였다. 부산 쪽이냐, 포항 쪽이냐 하다가 낯설지 않는 포항 쪽을 택했다. 다다른 곳이 호미곶이였다. 겨울 바다는 바람이 차가웠다. 인적이 드문 겨울바다의 성난 파도가 거센 소리로 철썩거렸다.

아침 식사가 되는 집을 찾았다. 혼자 하는 식사라 맛도 모르고 허기만 채우는 듯했다. 그리고는 모래펄을 걸었다 탁 트인 바다는 닫혀 있던 가슴을 조금씩 열리게 하였다. 생각을 않으려 해도 엊저녁 일들이 떠올랐다.

'무뚝뚝하고 차갑다'는 핀잔은 종종 듣던 소리였다. 거기에다 성질마저 급해서 욱하기를 잘하니 자주 부딪치게 되었다. 타고난 천성이라 고치기가 쉽지 않아서 벌어지는 사달이긴 하였다.

사실 지나고 나면 별것도 아닌데 '왜 속 좁은 짓을 했을까' 싶을 때도 있었다. 그러나 이번과 같은 경우는 따끔하게 주의를 줘야 함에도 아내는 내 말을 가로막고 차단을 시키려고 하였다. 무조건 감싸려는 아내와 애들의 잘못을 지적하려는 나와의 충돌이었다.

정오가 가까워지고 햇살이 두터워지자 해변에 사람들이 모여 들었다. 혼자 걷는 사내들이 몇몇 보였다. '저들도 나와 같이 다투다 뛰쳐나왔겠지.' 이런 상상의 그림을 그리면서 바다 쪽으로 더 가까이 다가갔다. 파도는 밀려갔다 밀려오면서 비우고 채워지기를 반복하고 있었다.

몇 년 전에 비하면 나도 참 많이 변했다는 생각이 들었다. 외형적인 모습은 물론이고, 모나고 거친 마음이 바닷가 모래알처럼 잔잔히 부서지고 말았다. 거친 세파에 부딪치고 깎인 탓이겠지…….

지금은 나름대로 많은 것을 참고 양보하는 편이다. 더 이상 수위를 낮추는 일은 부처님이 되라는 얘기나 다름없다. 그렇게까지 물러설 이유는 없다. 단지 '가정의 평화냐 자식의 훈육이냐' 하는 문제를 두고 뭐가 잘못되었는지를 따져보는 순간이었다. 휴대폰에서 문자가 들어 왔다.

예상했던 그대로였다. "지금 어디예요?"라는 짤막한 질문이었다. '목소리는 듣기 싫다'는 뜻이 촉감으로 느껴졌다. 이럴 때는 '답을 하지 않고 무시하는 것이 상책이다' 싶어 그냥 내버려 뒀다.

밖으로 뛰쳐나와 한참의 시간을 보내고 나니 별일이 아닌 듯하였다. 급하고 날카로운 성격 탓으로 상처를 주는 일들이 많았던 것 같다. 앞으로는 목청을 낮추고 상대의 감정이 상하지 않도록 해야겠다는 생각을 하면서 멀리 지평선으로 시선을 돌렸다.

바다는 끝없이 펼쳐있었다. 세상의 온갖 아픔과 노여움을 쓸어내며 나를 비웃듯 넘실거리고 있었다. 나는 저 넓은 바다를 가슴 한구석에 품어 두고자 했다. 다툼이 생길 때마다 품어둔 바다를 꺼내어 펼쳐보기로 마음을 다졌다. 그리고는 왔던 길을 되돌아 가기 위해 서둘러 자동차의 시동을 걸었다.

진정한 가치

공직에 발을 들여놓은 지 20년이 지나, 오십을 코앞에 둔 나이에 사무관이 되었습니다. 당시로서는 일찍 된 것은 아니지만 그렇게 늦은 편도 아닌, 대체로 평균적인 시기에 승진을 한 셈이었습니다.

기다리던 첫 보직을 공무원교육원 교관으로 발령을 받았습니다. 강의를 맡은 과목은 지방자치론이었습니다. 동료 공무원 앞에서 2시간 연강으로 강의 시간을 메우기가 쉽지 않았습니다. 교재教材에 국한된 내용만으로 강의를 하는 것도 교육생에게는 딱딱하고 지루한 일이었습니다.

그래서 한번은 질문 같지 않는 질문으로 수업을 시작하였습니다. 내용인 즉 "현재 행정자치부 장관이 누구일까요?"였습니다. 교육생 대부분이 장관의 이름을 기억하고 있지 않았습니다. 중앙의 행정자치부는 지방자치 단체와는 업무적으로 상당히 밀접한 관계가 있는 기관이었습니다. 그 부처의 장관의 성함 정도는 알고 있으리라고 생각되나 결과는 그렇지 않았습니다. 다음 질문은 "동백 아가씨란 누가 부른 노래지요?였습니다. 서슴없이 "이미자"라는 답변이 돌아왔습니다.

장관이란 공직자로서 최고의 자리지만 그를 기억해주지 않았습니다. 공무원 집단에서 장관의 이름을 모르고 있는데 일반인들이야 더더욱 관심 밖의 일입니다.

'동백 아가씨'라는 노래는 불린 지 반세기가 넘었습니다. 청장년층을 비롯해 이 시대를 살아가는 한국인들은 '이미자'를 기억하고 있습니다. 이것이 뜻한 바가 무엇일까. 아마도 세월이 가면 부귀도 권세도 한갓 뜬구름처럼 소멸되고 만다는 사실에서 기인된 것이 아닌가 싶습니다.

오늘날 장관의 자리는 왕조시대의 판서와 같이 세도를 부리고 영화를 누리는 자리가 아닙니다. 봉사와 무거운 책임을 짊어진 자리입니다. 잘하면 가문의 영예이고, 못하면 비난을 넘어 조롱의 대상이 되고 있습니다.

어떤 정책에도 명암이 붙어 다녀서 혜택을 보는 사람이 있고 피해를 보는 사람이 있어 상당한 다툼과 비판이 따르게 마련입니다. 이런 일을 밀어 붙이면 과격하다 하고 주저하면 소심하다며 씹어댑니다. 미래를 내다보고 정확한 판단으로 결정하고 집행해야 하니 상당이 어려운 자리입니다.

언제부턴가 장관은 청문회를 거쳐야 오를 수 있는 자리가 되었습니다. 엄청난 도덕성을 요구하고 있어, 공자라도 쉽게 통과하지 못한다는 말이 생겨나 있습니다. 그 어렵다는 청문회를 거쳐 오른 자리는 파리 목숨이 되기도 합니다. 대통령의 지지율이 하락하면 일 년도 채 되기 전에 하차시켜 희생양이 되는 경우도 보아왔습니다.

선진사회는 높은 관직에 오른 자, 돈을 많이 가진 자를 기억하기보다 더 높은 가치를 요구하고 있습니다. 바로 더불어 사는 보시정신, 노블레스 오블리주 정신입니다.

오늘날 우리 사회도 배품과 헌신까지는 아니라도 부정에 연류되지 않고 사회규범을 벗어나지 않으며, 오만하지 않는 삶을 살아 온 지도자를 요구하고 있습니다. 나아가 더불어 사는 사회를 위해 얼마나 헌신해 왔는가에 따라 명예와 존경의 척도로 삼아가고 있습니다. 헌신의 정신, 이웃을 위해 나누고 배품의 정신을 높이 평가하는 시대가 되었습니다.

소월은 가고 없지만 그의 「진달래 꽃」은 아직도 우리 곁에서 살아 숨 쉬고 있습니다. 작은 그림 한 폭, 정곡을 찌르는 글귀 하나가 수백 년이 지나도 우리의 가슴을 뜨겁게 하고 있습니다. 이것은 부귀도 권세도 아닌 인간의 본질인 사랑과 눈물, 깨달음, 바로 그런 것이기 때문이 아닐까 싶습니다.

일상 속에서 꽃을 보고 아름다움을 느끼고, 노래 한 곡조를 흥얼거리며 즐거워하고, 책 한 줄을 읽는 여유에 행복을 느끼는 사소하고 하찮은 것에서 삶의 가치를 찾고자 하는 마음이 참으로 중요한 것 같습니다.

누구를 그리워하고, 사랑하고, 때로는 고독과 애달픔을 표현하는 인간의 본질은 어느 시대인들 다를 수 있겠습니까. 돈과 권력의 노예가 되려는 것보다 배품과 인간의 본질을 사랑하는 삶이 향기롭고 높이 평가될 것입니다. 이것이 진정으로 추구할 긴 생명력을 지닌 삶의 가치가 아닐까 합니다.

아내의 졸업

아내는 늘 새벽부터 분주하다. 가족의 아침 식사를 준비하며 남편의 출근을 도와주고 아이들의 책가방을 챙겨서 학교에 보낸다. 설거지와 빨래를 하고 집안 청소를 한다. 그러고는 시장에 가서 찬거리를 사다가 저녁음식을 장만한다.

이렇게 반복되는 잡다한 일로 아내의 손은 잠시도 물 마를 날이 없다. 게다가 생활비를 쪼개고 쪼개어 완급을 가려서 가정 경제를 꾸려 가는 것도 아내의 몫이다.

끝없는 가사노동에서 잠시 허리를 펴고 TV의 채널을 돌리면, 마침 유명한 여성 CEO의 성공담이 흘러나온다. 이런 프로를 접하면 가정에 박혀 있는 주부의 처지와는 너무 대조적이다.

같은 여성으로서 그녀의 삶이 부러워지기도 하며 주부의 일도 버거운데 어떻게 저런 큰일을 해낼 수 있을까 의아해하면서 자신이 너무나 초라하고 인생의 실패자인 양 주눅마저 들게 한다. 가사에 매달린 그 자체가 어리석은 짓이라는 생각까지 해본다. 전업주부라면 누구나 이런 푸념에서 한두 번쯤 갈등을 하지 않는 이가 없을 것이다.

요즘, 이 시대의 젊은 여성들은 고학력에다 우수한 능력을 갖추고 있다. 자아실현을 위해 무엇인가 도전하겠다는 욕망도 크다. 활동무대가 집 밖이어야 유능한 여성이고 성공한 인생의 길을 걷는다고 생각하고 있다. 더 큰 이유는 혼자 벌어서 살기가 어려운 세상이라 맞벌이가 당연시되고 있다. 그래서 누군가 아이들과 가사를 대신 돌봐줄 사람을 붙잡아 놓고는 과감하게 뛰쳐나가려 한다.

가정에 아내의 손길이 멎어 버린다면, 집안에 물건 하나도 제자리에 놓여 있지 않는다. 구석구석에 먼지가 쌓여 간다. 아이들의 성장과 남편의 활동은 곧 바로 힘을 잃고 만다. 결국 가정은 아내의 손길과 아내의 보살핌으로 윤기가 흐르고 활기를 넘치게 한다.

어느 연말 막내가 대학수능 시험을 치른 날 저녁이었다. 시집간 딸애 내외가 동생이 시험을 잘 치렀는지 궁금하여 달려왔다. 그러고 보니 가족 모두가 얼굴을 마주하게 된 것이 몇 개월 만이다. 대학에 다니는 둘째와 셋째, 고등학교 졸업반인 막내가 아침에 나가고 집으로 돌아오는 시간이 서로 달랐다. 나 역시 퇴근 시간이 들쭉날쭉하였기 때문이다.

한 지붕 밑에 살아도 밥상 차리는 일이 따로따로였으니 '얼마나 귀찮았을까' 하는 생각이 든다. 오늘은 모처럼 함께 식사를 하게 되어 아내의 기분이 좋은 것 같다. 밥상에 둘러앉은 식구들을 향해 아내는 생뚱한 말을 꺼냈다.

"나도 올해는 졸업을 하는데 축하해주는 사람이 아무도 없네……."

가족 모르게 학원에라도 다닌 건지, 무슨 의미가 담긴 얘긴지 몰라 아내의 설명을 기다렸다.

시동생과 자식을 합하여 5명의 도시락을 준비한 세월이 자그마치 20년이란다. 학교 급식이 없던 때, 초등학생에서 고등학생까지 5명의 도시락을 아침마다 준비했다. 야간 자율 학습을 하는 고등학생은 2개의 도시락을 준비해야 하니 하루에 일여덟 개나 되었다.

막내가 대학생이 되면, 새벽밥 짓기와 도시락 반찬 만들기에서 벗어난 '20년 도시락 인생'에서 졸업을 하게 된단다. 심한 관절염으로 불편한 몸을 가누며 하루 같이 해온 일이다.

나는 그동안 무심하게도 따뜻한 격려의 말 한마디 하지 못했다. 오늘에서야 "당신 정말 수고했소, 애들의 졸업장이며 상장은 모두 당신의 손끝에서 나온 것이오."라는 말로 고마움을 대신했다. 가족 모두 고개를 끄덕이며 위로의 마음을 전했다.

지금까지 아내는 가정 대소사에 힘들다는 내색 한 번 보이지 않았다. 언제나 희생으로 감싸고 고생이라기보다 당연히 해야 하는 일로 여겼다. 이런 아내를 바라보며 너무 빨리 흘러버린 세월 앞에 숙연해졌다. 월급만 제때에 이체하면 의무를 다하는 것으로 알았지, 그 고충을 몰랐으니 참으로 못난 철부지였다.

인간사를 세 가지로 압축한다면 "가정을 꾸리는 일, 사회를 개발하는 일, 국가를 지키는 일"이라 했다. 어느 것 하나 중요하지 않는 것이 없다. 분명한 것은 사회의 기본단위가 가정이다. 건강한 가정에서 건강한 사회의 구성원을 길러내고 있다. 그러기에 묵묵히 가정을 보살펴 온 아내의 노고에 감사한다. 나는 문정희 시인의 「나의 아내」란 시로 아내의 졸업에 뒤늦은 박수를 보낸다.

> 나에게도 아내가 있었으면 좋겠다
> 봄날 환한 웃음으로 피어난
> 꽃 같은 아내

꼭 껴안고 자고 나면
나의 씨를 제 몸속에 키워
자식을 낳아주는 아내
내가 돈을 벌어다 주면
밥을 지어주고
밖에서 일할 때나 술을 마실 때
내 방을 치워놓고 기다리는 아내
또 시를 쓸 때나
소파에서 신문을 보고 있을 때면
살며시 차 한잔을 끓여다 주는 아내
나 바람나지 말라고
매일 나의 거울을 닦아주고
늘 서방님을 동경 어린 눈으로 바라보는
내 소유의 식민지
명분은 우리 집안의 해
나를 아버지로 할아버지로 만들어주고
내 성씨와 족보를 이어주는 아내
오래 전 밀림 속에 살았다는 한 동물처럼
이제 멸종되어간다는 소식도 들리지만
아직 절대 유용한 19세기의 발명품 같은
오오, 나에게도 아내가 있었으면 좋겠다

<한맥문학동인회 사화집 제14호, 2014.>

아들의 군 입대

아들은 다니던 대학을 휴학하고 군대에 가게 되었다. 항상 어린애로만 생각해 왔는데, 집을 떠나보낸다는 것이 마음에 걸렸다. 더욱이 경기도의 전방 부대에 입소명령이 나서 안쓰럽기만 하였다. 아내는 한 달 전부터 맛있는 것을 하나라도 더 먹여 보내려고 분주히 시장을 다니면서 반찬거리를 사다 나르며 음식 만들기에 신경을 쓰고 있었다.

나도 아들의 표정을 살폈다. 막상 입영 날이 가까워지니 은근히 걱정이 되는 모양이다. 저애가 낯설고 어려운 환경에 잘 적응을 할 수 있을지 염려가 되었다. 그래서 지난날 내가 겪었던 군대 생활의 얘기를 들려주면서 몇 가지를 일러주었다.

군대는 개인이 누리는 자유로운 시간을 주지 않는다. 일어나서 식사를 하고, 훈련을 받고, 잠을 자는, 일과가 짜놓은 시간표대로 움직이는 단체생활이다.

이런 단체 생활에서는 동작을 빨리 하고, 눈치 빠르게, 모나지 않게 행동하는 요령이 필요하다. 훈련은 힘들고 짜증스럽다. 그러나 체력을 단련하고 어려움을 극복할 수 있는 인내력을 길러주는 인생의 산교육으로 생각하는 마음가짐이 필요하다.

이왕에 하는 군대 생활이니 즐거운 마음으로 임해야 한다. 건장한 대한의 남아라면 누구나 겪어야 하는 과정이니 말이다. 사람은 무엇을 하든지 지금 닥치는 일에 최선을 다하지 않으면 아무것도 해내지 못한다. 군대생활에 잘 적응할 줄 아는 사람이 사회생활에도 성공을 하게 된다.

졸병 생활을 해보면 불만이 많이 생긴다. 불만을 자제하고 긍정적인 마음으로 생활한다면 하루하루가 즐거워진다. 항상 지금 이 순간을 참고 버티면 모든 것은 시간이 해결해줄 것이다.

이제까지 부모 곁을 떠나 생활한 일이 전혀 없지 않는가. 군 생활을 통해 홀로 서기를 배워야 한다. 혼자 떠나 있을수록 가정의 소중함, 부모와 친지들의 보살핌이 얼마나 따뜻한 온실이었는가를 깨닫게 될 것이라고 말해주었다.

그럭저럭 입영 날이 되었다. 동대구 고속버스 터미널에서 입영 전용 버스가 대기하고 있었다. 아침 일찍 출발해야 하기에 새벽부터 서둘렀다. 나도 아내와 같이 출발장소로 갔다. 입영 부대까지 가는 열성파 부모도 있었다. 나는 직장에 출근을 해야 하기에 할 수 없지만, 아내는 입영 부대까지 따라간다는 생각으로 나섰다.

그러나 아들 녀석이 기어이 못 오도록 말리는 바람에 포기하였다. 아내의 속마음은 부대까지 가지 못한 것을 몹시 서운해 하였다. 막상 버스가 떠나고 나니 아내는 그만 눈물을 흘렸다. 나도 눈시울이 뜨거워졌다.

대나무는 마디에서 잎이 나오고 있다, 그 마디는 성장통으로 생긴 표상이다. 나무들은 성장하면서 껍질이 갈라지고 투박하게 변한다. 그런 아픔을 거치지 않고는 우람한 나무가 될 수 없듯이 사람도 언제까지 어린애로 남아 있을 수는 없다.

성장하기 위해서 불안과 두려움이 있는 또 다른 세계를 향해 나아가야 한다. 어쩌면 군대도 현실을 벗어난 미지의 세계를 경험하는 것이다. 이제 첫 휴가를 올 때까지 기다리며, 그때 만나서 "얼마나 큰 나무로 자랐는가를 지켜보자."며 눈물을 훔치고 있는 아내의 손을 잡아주었다.

고희의 가을

기승을 부리던 늦더위는 완전히 기가 꺾여 버렸습니다. 요란스럽게 토해내던 매미 소리도 예고 없이 툭 끊어졌습니다. 사람들은 폭염과 열대야에 지쳐서 여름이 언제쯤 떠나나 하면서 짜증을 부렸지만 계절의 흐름은 때가 되면 어김없이 저절로 가고 오고 합니다.

가을이 깊어지면 곱게 물든 단풍과 맑은 공기를 마시고자 멀리 떠나고 싶은 충동이 절절해집니다. 도시를 벗어나 차창에 비쳐오는 시골길을 향하면 왠지 찌든 마음이 한순간 씻겨 내리며 기분이 상쾌해집니다.

산촌의 가을풍경은 금방 나를 빠져들게 합니다. 맑은 햇살,

파란 하늘, 선명한 단풍, 하늘거리는 가을꽃들……, 어느 것 하나 눈길을 뗄 수 없는 위대한 걸작입니다. 해마다 보는 풍경이지만 볼 때마다 느낌이 다르고 감회가 새로워집니다. 아마도 우리 인간에게 망각이라는 선물이 주어져 있기 때문에 신선감을 한층 높여주는 것 같습니다.

절정에 이른 가을은 지금 이 순간만 보고 느끼기에 너무 아깝고 신비로운 장면들을 펼쳐내고 있습니다. 알록달록한 단풍들은 석양에 반사되어 더욱 눈부신 장관을 연출하고 있습니다.

나는 이런 광경들을 카메라에 담으며 우거진 산길로 성큼성큼 발을 들여 놓았습니다. 숲속에는 벌써 고운 빛을 잃고 퇴색된 나뭇잎들도 있었습니다. 한 줄기 바람에 속수무책으로 떨어져가고 있습니다. 아름다운 숲의 내면에는 이런 아픔과 쓸쓸함을 간직하고 있음도 볼 수 있었습니다.

눈부시게 화려한 만산홍엽은 생의 마지막을 불태우는 몸부림인가 봅니다. 이런 사실 앞에 한동안 잊고 있었던 내 나이를 계산하게 만듭니다. '어쩌다 세월만 흘러 보냈을까.' 따져 들면 입맛만 씁쓸해집니다.

가을로 접어든 인생길, 그 반응은 여기저기서 나타나고 있습니다. 무릎이 아파 걸음걸이가 시원찮아 연골 주사를 맞았습니다. 눈이 침침하여 병원에 갔더니 백내장 전 단계라면서 지속적으로 안약을 투여해야 된다고 했습니다. 최근에는 감기 몸살로 병원에 다니며 열흘이 넘게 고생을 했습니다. 이런저런 증상이 나타나니 몸을 움직이기도 귀찮아질 때가 있습니다.

하지만 마냥 이대로 늘어져서는 안 된다는 생각에 책상 앞에 다가앉아 읽다가 중단해둔 책을 펼쳤습니다. 한 시간쯤 지나니 허리가 저렸습니다. 더 버텨보려 하니 하품이 나오고 눈이 감깁니다.

신체 부위마다 기능이 떨어지니 모든 일이 능률적이지 못합니다. 젊음이 부러워지면서 안타깝다는 생각이 듭니다. 왠지 입맛이 씁쓸해지고 있습니다.

나는 이채 님의 「인생 칠십이라면」이란 노래 가사 같은 시를 음미해봅니다. 역시 가을은 마음을 스산하게 하면서 뜻 모를 사색을 부르는 계절임에 틀림이 없습니다.

<인생 칠십이라면>

인생 칠십이라면 가히 무심이로다
흐르는 물은 내 세월 같고
부는 바람은 내 마음 같고
저무는 해는 내 모습 같으니
어찌 늙어보지 않고 늙음을 말하는가

육신이 칠십이면 무엇인들 성하리오
둥근 돌이 우연일 리 없고
오랜 나무가 공연할 리 없고
지는 낙엽이 온전할 리 없으니
어찌 늙어보지 않고 삶을 논하는가

인생 칠십이면 가히 천심이로다
세상사 모질고
인생사 거칠어도
내 품안에 떠가는 구름들아
누구를 탓하고 무엇을 탐하리오

그곳이 먼 듯하여도
천리만리 먼 듯하여도
마지막 눈감으면
영혼의 날개 달고 단숨에 닿는 그곳
누가 하늘을 멀다 하는가

3.

운명의 오솔길

어느 순간 늘어난 흰 머리칼과 깊어진 주름살, 거뭇한 반점에 시선이 모아졌습니다. '아! 벌써 내 인생도 가을로 접어들었구나.'라는 느낌에 착잡함이 밀려왔습니다.

깜박깜박하는 기억력이며 술자리에서 견디어 내는 힘이 예전 같지 않습니다. 이제까지 의지력 하나로 버티어오던, 그 열정마저도 소진되어가고 있음이 감지되고 있습니다. 곳곳에서 무력해지는 조짐들이 자존감을 위축시키고 있습니다.

더욱 마음 상하게 하는 것은, 이때쯤이면 죽이든 밥이든 뭔가 손에 잡혀든 것이 있어야 할 텐데……. 이름을 날리든지, 돈을 벌었든지, 나름대로 성공의 결과가 보여야 하는데, 이것도 저것도 아니니 그저 한심하다는 생각을 하게 됩니다.

세상사가 뜻대로 되지 않는 일들이 너무나 많았습니다. 모험적인 일에 승부를 걸고 도전하려는 용기가 부족한 탓도 있었을 것입니다. 자신의 주장을 앞세우고 내 색깔을 드러내기를 좋아하지 않는 소극적인 성격 탓도 있었을 것입니다.

사실 따져 보면 단순히 그런 이유만도 아닌 것 같습니다. 무엇보다도 주어진 일에 급급했던 과부하 현상, 하달식 지휘체계, 절대 복종의 관행, 열악하고 비민주적인 시대적 상황들도 하나의 장벽이 되었을 것입니다.

억압된 환경에서 오는 짜증, 연속된 피로, 틈만 나면 자고 싶었던 행태가 나의 일상의 많은 부분을 어둡게 했습니다. 그런 생활에서 은연중에 현실의 안주가 학습되고 절제와 인내가 몸에 배이게 되었습니다. 그러면서 밥벌이가 우선이라는 속성에 발목이 단단히 묶여져 있었습니다.

어쩐지 마음이 심란하여 나무들이 앙상한 가지를 드러내고 겨울 채비를 하고 있는 산길을 향했습니다. 마른 풀들이 바람에 흐느적거리고 있었습니다. 나는 한참을 올라와 풀숲에 웅크리고 있는 바윗덩이에 걸터앉아 이마의 땀방울을 닦았습니다. 멀리서 기복을 이루고 이어진 산들이 달려오고 있습니다. 나는 숨가쁘게 지나온 시간 속으로 돌아갔습니다.

어릴 적에 나는 몹시 몸이 약한 편이었습니다. 겨울이면 내내 감기를 달고 다니며 잔병치레를 하였습니다. 그때마다 할머니는 "고뿔에 이보다 더 좋은 약이 없다"하시며, 인동, 파뿌리, 무, 대추를 넣어 달인 물을 마시게 하였습니다. 그러고는 이불을 덮어씌우고 땀을 내게 했습니다.

생땀을 내는 일은 고역이었습니다. 속이 후끈후끈해지면서 식은땀이 난 후에 뜨거운 진땀이 나오기까지를 견디어야 했습니다. 입은 옷이 땀에 배여 흠뻑 젖을 때가 되면 서서히 이불을 걷어 몸을 식히게 하였습니다. 그때는 이런 방식으로 감기와 몸살을 다스렸습니다.

어느 날 면 소재지에 약방이 들어오고부터는 먹기에 편리한 알약을 사다 먹었습니다. 약방을 드나들면서 '약사는 몸이 아파도 걱정이 없으리라'는 생각을 하였습니다. 그러면서 '나도 약사가 되었으면 좋겠다.'는 마음을 먹게 하였습니다.

아버지는 나에게 초등학교 선생이 되기를 바랐습니다. 그러나 묘하게도 내가 초등학교를 졸업하던 해, 학제가 바뀌어 사범중학교가 폐지되었습니다. 그때는 이유를 몰랐지만 지금 생각해 보니 '초등학교 교육을 담당하는 교사의 학벌이 너무 낮다'는 사회적 비판으로 제도를 개선한 것 같습니다. 그래서 2년제 교육대학을 신설하여 초등학교 교사의 자격 기준을 2단계나 상향 조정하였습니다.

아버지는 당초 뜻한 바가 어긋나자, 나에게 “우리 집 형편으로 대학은 아예 염두에 두지 말라.”고 하시며, “중학교 졸업 후에 실업계 고등학교를 가서 취직을 하라.”고 못을 박았습니다.

나는 아버지의 뜻대로 시골 중학교를 나와 상업학교로 진학하였습니다. 고등학교를 졸업하고 입영 통지를 받아 군대에 입대하여 3년의 군 복무를 마쳤습니다. 제대를 하던 그해, 공무원 시험에 응시하여 공직에 몸을 담게 되었습니다. 내가 생각했던 약사와, 아버지가 원했던 교사와는 거리가 먼 직업에 발을 들여놓았습니다.

공무원은 엄한 규율과 강령에 철저히 예속되는 직업이었습니다. 새마을 운동의 기치 아래 퇴근 시간도 공휴일도 없었습니다. 상관의 명령이 곧 법이었습니다. 당시는 특근 수당이니 야근 수당이니 하는 것도 없이 무제한 봉사를 해 온 셈입니다. 그 좋다던 젊은 날, 나의 그 시절은 일에 묻히고 박봉에 쪼들린 기억들만 생생할 뿐입니다.

인생행로에는 항시 선택이라는 과제가 따라다녔습니다. “선택이 운명을 좌우한다.”는 중대한 이치를 나는 불혹을 훨씬 넘기고 비로소 깨닫게 되었습니다. 이처럼 우둔하고 어리석은 편이었습니다. 운명을 좌우하는 선택들이 내 욕망과 내 의지로 결정된 일이 별로 없었습니다. 그렇게 무작정 살았음에도 요만큼을 누리고 사는 일이 그저 신비롭게 여겨집니다.

학교는 무엇이 좋은지도 모르고 아버지의 권유로 선택되었습니다. 인생의 동반자라고 하는 아내를 만난 것은 친지의 중매로 맺어졌습니다. 직업 역시 주변 사람들에 의해 공직의 문을 두드리게 하였습니다.

인생의 판도를 가늠하는 학교, 결혼, 직업, 이 세 가지의 선택은 내 의지와는 달리 우연이란 끈과 연결되었습니다. 나는 이것을 운명이라고 말하고 싶습니다. 그러고 보면 우연이란 것이 내 인생의 길을 점지하고 결정해준 셈입니다.

세상사는 자기가 처한 속박을 깨고 일어서는 일이 쉽지 않습니다. 큰일은 자신만의 힘으로 쟁취하기에는 한계가 있다고 합니다. 부모의 도움, 친지들의 협조, 여기에 운명이라는 보이지 않는 힘이 작용하는 것 같습니다. 그래서 "부자는 하늘이 내린다."고 하지 않습니까.

내가 걸어 온 길, 거기에는 숨가쁜 오르막이었습니다. 여유를 부릴 수 있는 평탄한 길이 아니었습니다. 다들 나처럼 무미건조하게 그렇게 사느니라 여겨왔습니다.

결국 자신이 이루어 낸 것은 타고난 환경과 능력의 범주에서 인내한 만큼, 그리고 운명이라는 힘이 보태어져 얻어진 산물이라 믿고 싶습니다. 비록 내가 꿈꾸지 않았던 학교, 우연으로 만난 아내, 빛나지 않는 소박한 공직의 길을 걷게 해준 운명의 신에게 경건히 머리 숙여 감사를 드리고자 합니다.

배웅 길에서

가난한 가정에 태어나 참으로 열심히 살아오신 분의 부음을 받았습니다. 그는 이제 겨우 여유를 누리며 살만하니 세상을 뜨게 되었습니다. 가족들은 물론이고 그를 아는 많은 사람들이 안타까워 눈물을 가누지 못하고 있습니다. 이런 분의 비보에 슬퍼하다 보면 그의 삶을 돌아보는 차분한 시간을 가지게 합니다.

그는 부지런함을 타고난 천생 농사꾼이었습니다. 소박하면서 이름 없는 들꽃 같은 삶을 살았습니다. 언제 보아도 웃는 얼굴을 하며 자신감에 넘쳐 있었습니다. 이해관계를 별로 따지지 않고 베푸는 성미라 '인심 좋은 아저씨'로 소문이 나 있었습니다.

새로운 영농 기술을 익히고 탐구하며 쌓은 경험들을 이웃에

전수하는 선구자적인 역할을 해 왔습니다. 노력과 투자에 비하여 자신은 별 소득이 없었으나 그의 경험을 배워가는 이웃 사람들에게 많은 도움을 주었습니다.

20여 년 전 과일 농사를 시작하여 부농의 꿈을 이루어 내었습니다. 소득이 높아지고 여유를 누린다 싶었는데, 몇 달 전에 병원 신세를 지고 있다는 소식을 들었습니다. 나는 그의 병실에서 초췌해진 모습을 보았습니다. 예전에 당차고 의욕에 넘쳐 있던 모습이 아니었습니다.

나도 모르게 눈언저리가 젖어들었습니다. 당장 떠오르는 것이 열정을 바쳐 일궈 놓은 그의 농장이었습니다. 그리고 주렁주렁 열매를 달고 있는 사과나무들입니다. 농장 주인이 병실에 누워 있으니, 내 일처럼 걱정이 되었습니다. 그의 손을 잡고 "빨리 완쾌해서 황금 같은 농장을 잘 관리해야지."라는 말이 절로 나왔습니다. "그럴 날이 곧 오겠지." 하면서 엷은 웃음을 짓던 그의 모습이 눈에 밟히고 있습니다.

화려한 삶을 누리고 부족함이 없어 보이는 사람이 스스로 목숨을 끊고 세상을 하직했다는 소식을 접할 때도 있습니다. 돈이 곧 행복인 것은 아닌 것 같습니다. 절대 헤어지지 않는다고 약속을 하고도 얼마 안 가서 쉽게 갈라지고 있습니다. 이런 걸 보면 세상살이가 간단하고 단편적인 것만은 아닌 것 같습니다.

인간은 동물과 달리 육체와 영혼의 혼합체라 합니다. 물질적인 풍부함과 정신적인 넉넉함이 조화를 이룬다면 얼마나 좋겠습니까. 어느 한쪽은 기울어져 있고 부족함을 느낍니다. 그 부족한 부분을 채우려 애쓰고 고통스러움을 이겨내고 있습니다.

사실 허리가 휘도록 일을 하면서 주변의 모든 존재들을 소중히 여기다가도 내가 없는 세상을 생각하면 허탈해질 때가 있습니다. 서로 나누어 짊어져야 할 짐을 가족에게 떠넘기고 떠난다는 것은 큰 슬픔으로 암담해집니다. 누가 이 절망의 순간을 쉽게 받아들이려 하겠습니까.

아무리 받아드리지 않겠다 해도 찾아드는 어둠의 그림자는 비켜나지 못할 것입니다. 하루가 다르게 의술이 발전하고 있어도 죽음을 영원히 극복할 수는 없을 것입니다. 단지 수명을 어느 정도 연장할 뿐이겠지요. 지금 이 순간도 인간의 죽음을 통제하고 지배의 대상으로 삼으려고 무한의 노력을 경주하고 있을 것입니다. 병마에 대한 불안을 줄이고 건강한 삶을 영위하려는 연구는 계속되고 있어서 큰 위안이 되고 있습니다.

따지고 보면 세상은 내가 없어도 무한할 것입니다. 지금보다 더 편하고 유용한 공간으로 진화될 것이 분명합니다. 죽음을 맞는 자의 역할은 누군가로 채워질 것입니다. 그러나 죽은 자와 똑같은 사고와 정신세계를 가진 사람은 전무후무할 것입니다.

이런 점에서 우리의 개개인의 생명은 참으로 소중하고 고귀한 존재입니다.

비록 100년을 못 채우는 삶일지라도 '그것으로 의미가 있었다'고 담담하게 받아들여야 하는 것은 생명의 유한성 때문이겠지요. 그래서 살아 있음에 감사하고 소소한 일상에 기뻐해야 하는 이유이고 지혜인가 봅니다.

끝내는 누구나 맞이할 죽음입니다. 다만 주변 사람들의 가슴에 한 점 아련한 아쉬움으로 남을 수 있다면 '참 잘 살아온 삶'이라고 평가할 수 있다고 합니다. 그것은 아마도 오늘 한 줌의 재가 된, 망자의 삶처럼 타인에 대한 배려와 양보의 미덕이 아닐까 합니다.

그가 떠난 날은 하늘이 맑고 드높은 가을날입니다. 온 산천이 단풍으로 물들어 있고 춥지도 덥지도 않는 좋은 계절입니다. 그가 가는 곳은 아무런 근심도 고통도 없는 세상이기를 기원합니다. 나는 「배웅 길」이란 시 한 수로 하직 인사를 대신하고자 합니다.

<배웅 길>

겹겹이 두른 산들
희미하게 그려져 있다

진홍빛 점퍼
산도 고운 옷 입으니 현란하다
곧고 굽은 것이 어우러져 숲이 되고
숲을 지나는 토끼길
어디로 연결한 고리일까
'잘 가시오'
상처 많은 애틋함도
꽃피는 계절이면 잊히겠지요

그 골목길을 걸으며

반월당에서 친구들을 만나 점심 식사를 하고 헤어졌습니다. 가로수의 은행잎이 노랗게 물들고 바람이 시원하게 스쳐 주었습니다. 배도 한껏 부르고 술기운도 아리하게 오르니 왠지 그냥 이대로 걷고 싶었습니다.

지하철 역사의 지하도를 통과하여 대구초등학교 측면 도로를 따라 걸었습니다. 도로변에는 전에 없던 인쇄소가 많이 입주하여 있었고 군데군데 상가 건물이 신축된 것 외에는 거리의 형태나 주택들은 옛날과 별반 다를 바 없었습니다.

주변의 모습들이 변하지 않았다는 것은 그만큼 발전이 되지 않았다는 것입니다. 도시는 성장하면서 외곽으로 외곽으로 뻗어나고, 번화했던 옛 도심은 개발이 되지 않아 슬럼화현상을 맞이한다는 도시발전이론을 여기서 설명해주듯 하였습니다.

이 좁은 8m 도로에 20인승 정도의 작은 합승버스라는 것이 다녔습니다. 빨간 모자를 쓴 차장 아가씨가 요금을 받고 "오라이" 하면 버스가 출발하였습니다. 이제는 찾아볼 수 없는 해묵은 기억을 더듬으며 '제일중학교' 정문에서 멈춰 섰습니다.

전에는 제일여중과, 제일여상이 있었습니다. 간판을 달리한 걸 보니 남녀 공학의 중학교로 변한 것 같습니다. 나는 이 학교에 다니던 눈이 예쁜 학생을 알게 되었습니다. 전학을 간다기에 주소를 알려 달라했더니 "총각道 멋있郡 어쩌面 만나里"라고 적어주었습니다. 짧게 알고 지내다 길게 헤어졌습니다. 지금처럼 스마트폰이 있었다면 그 풋풋한 아름다운 얘기는 계속 이어졌을 테지…….

입가에 쓴웃음을 날려 보내며 몇 걸음을 더 걸어 향교 앞 네거리에 이르렀습니다. 서쪽으로 가면 남문시장네거리에 대도극장과 대한극장이 있었습니다. "미성년자 관람불가"라는 영화를 보기위해 나이든 티를 내려고 기를 쓰기도 했습니다. 김지미, 엄앵란 시대가 가고 남정임, 문희, 윤정희가 신인으로 등장하여 인기 짱이었습니다. TV의 보급률이 바닥이던 시절 미모의 배우가 출연한 영화가 당연 흥행몰이를 했습니다.

남쪽으로 수도산이 있는 곳, 그 중간쯤 옛 군인관사가 있던 자리, 거기서 내가 자취를 시작했습니다. 약간 동쪽으로 내려가면 봉산 골목시장이 있었습니다. 거기서 콩나물이며 두부를 샀었습니다. 그 북편으로 봉산문화거리는 근래에 와서 이름이 붙여진 것입니다.

당시는 형편이 어려워 사글세도 큰 부담이었습니다. 한 푼이라도 헐한 방을 얻으려고 주변의 복덕방을 모조리 훑고 다녔지만 마땅한 것을 구하기란 쉽지 않았습니다. 지금은 이 일대에 경대사대부고만 남아 있습니다. 그때는 대구상고, 제일여자상고, 경북고가 자리하고 있어 자취나 하숙을 하는 학생이 많아 셋방을 구하기가 무척 어려웠습니다.

인근 대봉동이며 남산동 일대를 돌아다니다 어렵게 자리 잡은 곳이 향교가 가까운 봉산동이었습니다. 이곳에서 시작된 자취생활, 반찬 장만하기며 빨래하기가 만만찮았습니다. 그중에서도 연탄불 관리에 가장 신경이 쓰였습니다. 연탄불이 꺼질 때마다 집주인 아주머니의 도움을 얻어야 하는 것이 부담이 되었습니다. 천성으로 부끄러움이 많아 그런 부탁을 자주 할 만큼 뻔뻔스런 용기가 없는데도 탄불은 하루가 멀다 않고 꺼졌습니다.

그럴 때는 누구의 도움 없이 숯을 사다가 직접 불을 피워 불씨를 살리는 것이 마음 편한 일이지만 탄불은 그리 쉽게 붙지 않고 시간도 많이 걸렸습니다. 탄불이 꺼지고 학교에 갈 시간이 임박하면 끼니를 거르는 것은 예사였습니다.

이쯤 되니 자나 깨나 연탄불 관리에 엄청난 스트레스를 받았습니다. 잠시 어디를 가더라도 탄불의 상태를 확인하고 대문을 나서야 했습니다. 아궁이를 열거나 닫는 조절을 잘해야 하고 밑불이 있을 때 갈아주어야 합니다. 학생으로서는 적정한 시간을 맞추기가 쉽지 않는 일이었습니다.

연탄불의 온기는 방바닥 전체를 고르게 데워주지 못했습니다. 아랫목은 뜨거워 장판이 거무스름하게 타들어 가도 윗목은 얼음장이었습니다. 주택은 대부분 시멘트 블록으로 벽을 쌓아 도배를 하고, 창문은 한지韓紙로 발랐습니다. 이와 같이 단열시공이 되지 않는 주택구조는 외풍이 심하여 방안에서 하품을 하면 하얀 입김이 길게 이어졌습니다.

물자가 부족하고 어렵던 시절이라 날씨는 요즘보다 훨씬 더 춥고 매섭게 느껴졌습니다. 그 찬바람이 살 속을 파고들 때면 장작불로 군불을 지핀 뜨끈뜨끈한 고향 집 생각이 간절했습니다. 밤이 되면 가족들과 떨어진 객지에서의 외로움은 이불 밖으로 내어 놓은 손처럼 시렸습니다.

앉은뱅이책상 앞에 턱을 괴고 냉기가 가득한 방안에서 공부를 하겠노라고 다짐을 하고 또 다짐을 했습니다. 그 작심은 이내 무너져 내리고 곤한 잠의 나락으로 빠지곤 했습니다. 그렇게 하여 치른 기말고사의 성적이 좋을 수가 없었습니다. 수 없이 '나는 왜 이리도 나약한가.'를 원망하고 후회하면서 보내던 갈등과 방황의 고달픈 시간의 연속이었습니다.

"학생, 전깃불이나 끄고 잠을 자요." 문을 두드리는 소리에 잠이 깨었습니다. 혼미한 상태에 집주인 아주머니의 목소리가 들려 왔습니다. 아끼는 것이 미덕이던 때라, 전기 스위치를 내리고 수도꼭지는 제대로 잠겨 두었는지 항시 신경을 썼지만 또 실수를 한 것입니다. 주인집 아주머니의 짜증은 겨울 추위만큼 매섭게 느껴졌습니다.

종종 이런 일이 있고부터 정나미가 떨어져 서둘러 다른 곳으로 이사를 하게 되었습니다. 새로 이사를 했던 바로 그 골목을 찾아 갔습니다. 리어카가 지나 갈 정도의 좁은 골목, 내가 살던 집은 물론 이웃집 대문의 문패까지 들여다보며 둘러보았습니다. 모두 낯선 사람들로 채워져 있었습니다.

이곳의 주인집 아주머니는 달랐습니다. 학교에 간 사이 연탄불을 봐서 제때에 갈아주고 맛있는 반찬도 슬며시 방안에 넣어두기도 했습니다. 어쩌다 곤한 잠에 빠져 오래도록 불을 켜두어도 눈총을 주지 않았습니다. 그런 배려들이 나의 자취생활의 피곤함을 한결 덜어 주었습니다.

봉산동 골목길을 걷다 보니 훌쩍 흘러버린 세월, 그 철부지 시절의 기억들이 아궁이의 연탄불처럼 선연히 이글거렸습니다. 차가운 자취방에서 더 독하게 책을 잡고 씨름을 했다면 '내 인생은 더 아름다운 획'을 그었을 것이라는 씁쓸한 아쉬움이 내 가슴을 치고 있었습니다.

해맑은 눈동자의 소녀, 겨울 날씨만큼 쌀쌀맞던, 그리고 아랫목에 깔아 둔 이불 속의 온기처럼 따뜻했던, 그 세 여인의 얼굴이 오버랩 되었습니다. 문득 그들이 그리워졌습니다.

<청송문학 제22호, 2014.>

다시 개나리꽃이 필 무렵

겨우내 얼어있던 강물이 풀리더니, 어느새 강변둔치에 개나리꽃이 만개하였다. 그 가늘고 연약한 줄기에서 노란 꽃송이를 주렁주렁 달고 있는 광경은 눈이 부시도록 아름답다.

길게 뻗은 제방 따라 피어 있는 꽃은 길섶이나 주택가 정원에 한두 떨기 피어 있는 것과는 느낌이 사뭇 다르다. 꽃띠를 두른 듯 무리를 지어 피어 있기에 한층 더 화려하여 큰 감동을 준다. 제주도의 유채꽃, 섬진강의 벚꽃, 소백산의 철쭉들이 군락을 이루고 있기에 사람들의 마음을 사로잡는 경우와 같으리라.

개나리는 날씨가 변덕이 심한 이른 봄에 꽃을 피운다. 그러다 보니 꽃망울이 부풀 무렵에 눈이 내려 냉해를 입을 때가 많다. 다행히 올해는 포근한 날씨가 계속되어 어느 때보다 아름답고 탐스런 꽃을 피웠다.

별이 화창한 일요일 오후다. 샛노란 개나리꽃은 긴 겨울, 집 안에만 갇혀놓았던 사람들을 불러모으기에 충분하다. 젊은 연인들, 중년의 부부, 황혼의 노인네들까지 둔치로 꽃구경을 나왔다. 저마다 가슴에 새겨지는 느낌은 다를 수 있지만 꽃을 반기는 마음은 하나같다.

차가운 겨울바람 앞에 맨살로 맞서던 앙상한 가지에서 저리도 고운 꽃이 피어나다니 자연의 조화가 정말 신묘하다. 나는 꽃술을 만지다가 꽃가지 사이로 얼굴을 내밀고 카메라에 담아본다. 나뭇가지 틈을 비집으며 구석구석 생기를 불어 넣는 바람을 마셔본다. 땅속 깊은 곳에서 영양분을 뽑아 올려 거칠고 마른 살결 속으로 물오름의 흔적을 찾아보기도 한다.

그러다가 둔치로 이어진 꽃길을 걸었다. 문득 군대에 간 막내 녀석이 생각난다. 막내는 지난해 이맘때 군에 입대를 하였다. 한 번도 부모 곁을 떠난 적이 없는 녀석이라 낯선 환경에 적응을 잘하고 있는지 걱정스럽다.

군대라는 조직은 명령체계가 엄하고 일사분란을 요구한다. 자기 판단에 의해 의사를 결정하고 행동하는 자유가 제한되어 있는 곳이다. 이런 조직 속에서 억압되고 피동적인 생활에 익숙해지기까지는 인내로써 자신을 이겨내야 한다.

항시 총기와 폭발물을 다루며 훈련을 하고, 진지를 구축하거나 사격장과 막사와 같은 시설 보수와 환경정비 작업에도 수시로 동원이 된다. 늘 위험에 노출되어 긴장을 놓을 수 없다. 그러기에 자식을 군대에 보내놓은 부모는 제대하는 날까지 늘 걱정이다.

막내가 입영하던 날, 집결지에 도착하니 이미 장정들을 태울 버스가 대기하고 있었다. 집결지 담장에는 유난히 노란 개나리꽃이 피었다. 병무담당 공무원의 입소자 확인과 인솔 장교의 인수 절차를 끝내고 바로 버스를 출발시켰다. 장정들의 가족들은 버스가 보이지 않을 때까지 그 빈자리를 한동안 멍하니 지키고 서 있었다. 나는 그날의 그 순간을 상기하며 꽃길을 걸었다.

그러던 중에 휴대전화의 벨이 울렸다. '누굴까' 하는 의문으로 전화를 받았다. 막내의 목소리다. 이심전심이라더니 바로 이런 것을 두고 하는 말일까. 생각의 전파에 사랑이 실리면 그 뜻은 쉽게 하늘에 닿는 모양이다.

"그래, 힘들지?"

"괜찮아요."

"휴가는 언제 오게 되니?"

"달포가 지나면 가게 될 겁니다."

목소리가 밝고 아주 씩씩하다. 군 생활에 제법 익숙해진 것 같아 우선 마음이 놓인다.

"아버지는 개나리꽃이 한창이라서 강변에 꽃구경 나왔다"

"여기는 아직 흰 눈이 덮여있고, 영하의 날씬데요……"

전방고지에서 군대 생활을 했던 내가 아닌가. 살을 도려내는 추위, 하루가 멀다 않고 쌓인 눈을 치워야 하는 몸서리나던 제설작업, 먹을 물이 없어 눈을 녹이던 일……, 그 고생을 어찌 모르랴. 갑자기 눈언저리가 뜨거워졌다. 감정을 누르려 몇 번이나 하늘을 쳐다보다가 어금니를 물었다. 그러자니 하고 싶던 말도 제대로 못 하고 전화는 끊어졌다.

강변에 드문드문 서 있는 우뚝한 나무들이 눈에 잡힌다. 그 나무들도 껍질이 갈라지고 투박해지면서 자라고 있다. 가족의 품을 떠나 힘들고 어려운 일을 겪을 것이다. 험한 산길을 오르내리면서 훈련을 하고, 새벽하늘의 별을 보며 보초 근무를 설 것이다. 때로는 집이 그리워 눈물도 흘려볼 것이다. 군대는 이런 경험을 통하여 껍질이 투박한 나무처럼 강인하고 성숙된 인간을 만드는 곳이 아닌가.

이른 봄에 피는 꽃들은 대부분 눈이 부시도록 화사하게 피었다가 잠깐이면 져버린다. 개나리도 바로 그런 꽃이다. 불과 며칠이 지나면 아쉽게 낙화가 되고 만다. 꽃이 떠난 자리는 푸른 잎들이 무성해질 것이다.

계절은 피었다 지는 꽃처럼 머물지 않는다. 다시 내년 이맘때면 어김없이 개나리꽃은 피어나겠지. 그 무렵이면 막내는 제대를 해서 이 꽃길을 나와 함께 거닐 수 있겠지.

<한맥문학가협회 사화집 제7호, 2011.>

6월의 상처

6월이 오면 한국전쟁의 아픈 상처를 생각한다. 그 후 70년의 세월이 흘러도 민족 분단의 슬픈 역사는 언제 종결될지 그저 암담할 뿐이다.

1945년 8월 15일 일제로부터 해방이 되었다. 1948년 5월 10일 총선에서 배출된 제헌국회에서 대통령을 선출하여 같은 해 8월 15일에 대한민국 정부가 수립되었다. 그 기쁨이 채 가기도 전인 1950년 6월 25일 새벽에 김일성은 전쟁을 일으켰다. 동족상잔의 비극이 시작된 6·25는 1953년 7월 휴전협정에 이르기까지 3년 동안 밀고 밀리는 지루한 전쟁이었다.

이로 인한 손실은 엄청났다. 재산적인 손해는 제쳐두고, 인적

피해만으로도 너무나 큰 사건이었다. 미군 측의 통계에 의하면 피아간의 사망자가 무려 240만이라 한다. 많은 부상자와 전쟁미망인, 전쟁고아들의 삶이 얼마나 눈물겨웠을까. 그리고 1,000만 이산가족의 슬픈 사연들……, 그 골 깊은 상처는 아직도 아물지 않고 있다.

나의 아버지는 6·25 전쟁의 발발로 1951년 12월, 당시 23세의 나이에 징집이 되었다. 제주도 모슬포에서 하사관 학교를 나와 1952년 5월 육군하사로 15사단에 전속되어 한국전쟁에 참여하였다. 1956년 7월에 제대하였으니 4년 8개월을 복무하고 육군중사(당시 이등상사)로 제대를 하였다.

그때는 하사관(현재 부사관)의 대우가 빈약했던 것 같다. 아버지의 봉급으로 집안 생계에 도움이 되었다는 얘기를 들은 적이 없었으니 말이다. 장기 복무를 하는 동안 가족들의 생계를 할머니와 어머니가 농사를 지어서 해결했으니 무척 힘든 세월을 보냈다. 그 참혹하던 전쟁터에서 살아남은 것으로도 하늘이 도운 일이었다. 할머니와 어머니는 더 무엇을 바랐으랴…….

아버지가 군대에 입대하던 해에 나는 4살이었고 제대하던 해에는 초등학교 2학년이었다. 입대 후 5년 동안 나는 아버지의 얼굴을 한 번도 보지 못했던 것 같다. 전쟁이 끝난 후에도 공비토벌과 사태수습이 계속되어 전시체제나 다름이 없었다.

혼란스런 시국이라 군인들에게 휴가를 보내 주지 않았던 것 같다. 그래서 나는 아버지의 얼굴을 알 수가 없었다. 제대 후에 할머니께서 "이 사람이 너희 아버지"라고 해서 그런 줄 알게 되었다.

참혹한 전쟁을 겪으셨던 아버지는 강인했다. 그러면서 가정사를 자신의 주장대로 끌어갔다. 그런 것을 못마땅해하면서도 비위를 맞추어야 하는 어머니는 늘 고달팠다. 일을 서두르는 아버지와 그렇지 않는 성격 차이로 충돌이 잦았다. 이런 환경에서 자란 자식들은 그냥 겁에 질려 있었다.

음식이 입맛에 맞지 않는다거나 옷이 마음에 들지 않는다고 투정을 부리면 호강에 빠졌다고 꾸지람이 대단하였다. 어린 우리들은 떼를 쓰거나 칭얼거리지도 못한 채 숨을 죽이고 있었다.

아버지는 종종 밥상머리에서 한국 전쟁에서 비참했던 실상을 들려주었다. 그런 얘기를 듣고 나면 갖고 싶은 것이 있어도 사 달라는 말을 못했으니 그만큼 우리는 일찍 어른스럽게 키워졌던 것 같다.

아버지의 참전 스토리는 지금의 시대에서는 상상도 못 하는 사건들이었다. 당시에 남한은 아무런 준비도 없이 갑자기 당한 전쟁이이라 남쪽으로 밀리고 밀렸다. 후퇴와 철수를 하는 과정에서 남한의 많은 병사들이 희생되었다. 진격해 오는 인민군을 막기 위해 병사들을 계속 투입시켜 방어를 해왔다. 나중에는 징집할 장정이 부족하여 학생들을 차출하였다. 이것이 학도병이었다. 열여섯 소년들이 전쟁터로 내몰리었다.

이들은 3~7일간 교육을 시켜서 전쟁터로 보내졌다. 기초 훈련도 되지 않는 병사들이었다. M1소총 가늠자 설정도 못 하여 적군에게 당하기만 하였다니 사실상 총알받이였다.

우리 측은 인민군 한 명을 사살하는데 3만 발의 총알이 소요되었다 한다. 반면 인민군은 고도의 훈련된 병사들이었다. 따발총 소리가 났다 하면 한국군 병사의 누군가는 백중으로 쓰러졌다. 결과적으로 미국의 인천 상륙작전이 없었다면 남한의 공산화는 불 본 듯하였다.

전쟁물자가 원활히 공급되지 못하여 먹을 것이 일주일에 한 번 공수되기도 했다. 공격 명령이 내려져도 배가 고파 기진맥진한 상태라 진격할 힘이 없었다. 헬기로 공급된 주먹밥을 먹다가 포탄이 떨어지면 그 밥이 모래투성이가 되어버렸다. 배가 고파 죽을 지경이니 버적버적 소리 나는 모래 밥을 그대로 삼켰다.

여름 땡볕에 군장을 하고 행군을 하다 보면 목이 타들어 갔다. 어쩌다 소낙비가 내리면 그 물로 목을 축였다. 심지어 군화 자국에 고인 흙탕물도 엎드려 빨아 먹었다. 거기에는 적탄에 쓰러진 전우의 시체에서 흐르는 핏물도 섞여 있었다니 위생문제 같은 것은 따질 겨를이 없는 상상도 할 수 없는 참담한 상황이었다.

낮에는 은신해 있다가 주로 야간에 출격명령이 떨어졌었다. 잠이 모자라 길을 가면서도 눈을 감고 걸었다. 적군에 포위되어 보급로가 차단된 병사들은 엄동설한에 동복을 지급받지 못해 동상에 걸려 많이 희생되기도 했다. 참으로 눈물겹고 가슴 아픈 얘기들이다.

이런 천신만고 끝에 살아남은 병사들은 정말 천우신조였다. 그럼에도 불구하고 우리 사회는 참전용사의 희생에 대한 보답은 매우 인색했다. 표를 의식하여 여행 가다가 사고로 사망한 사람들의 보상에는 엄청난 관심을 보였다. 나라를 지킨 용사들의 보상 문제는 거론조차도 없었다. 계속된 청원과 형평성 논란에 귀를 기울인 정부는 뒤늦게 법률을 제정하여 연금을 받을 수 있게 하였다.

아버지는 나라에서 이제야 참전용사들을 대접해주려 한다면서 연금이 나오기를 고대하고 고대하였다. 하지만 애석하게도 그 법이 시행되기 직전에 세상을 떠났으니 연금을 한 푼도 받지 못하였다.

우리는 암담하던 전쟁의 잿더미에서 상전벽해桑田碧海와 같은 경제의 기적을 만들어 내었지만 통일의 길은 멀고 험난한 것 같다. 북한이 체제유지를 위해 문을 닫고 있는 한 아무것도 풀어내지 못하고 있다.

해마다 맞이하는 6·25, 우리는 TV를 통해 꽃다운 나이에 나라를 지키다 국립묘지에 잠든 용사들을 보게 된다. 팔다리를 잃은 상이용사들의 일생이 얼마나 고통스러웠으랴. 눈물로 살았던 미망인들과 전쟁고아들의 한 많은 인생을 생각하면 가슴이 미어지고 있다. 그들이 살아온 세월, 멍울진 얘기들은 무엇으로도 보상될 수 없는 아픈 역사다. 이런 기막힌 희생으로 오늘의 자유 대한민국이 존재하고 있다는 사실을 잊어서는 안 된다.

여전히 분단의 역사는 지속되고 있다. 북한은 왕조시대나 있을법한 3대 세습으로 이어진 흉악한 범죄 집단이다. 김일성의 잘못된 야욕으로 일제로부터 겨우 해방된 나라를 피바다로 만들어 놓았다. 국토를 갈라놓고 가족들을 갈라놓았다. 북한 주민을 굶주림과 인권이 무시된 생지옥으로 몰아넣었다. 수많은 젊은이들이 휴전선에서 총부리를 겨냥하며 고생을 시키고 있다.

인간다운 삶을 위해 복지비로 쓰여야 할 엄청난 예산이 방위비로 쓰이고 있다. 저 넓은 유라시아 대륙으로 뻗어야 할 민족의 역량이 차단되어 있다. 이 얼마나 큰 불행의 역사를 만들어 놓았는가.

죗값을 치러야 할 역적들이 북한 땅을 점령하여 권세를 부리며 호의호식하고 있으니 세상사가 무심하다는 생각마저 든다. 이제는 핵무기를 개발하여 남한의 안보를 위협하고 있다. 이에 대응하기 위해서는 엄청난 방위비를 쏟아 부어야 한다. 6월의 아픈 상처를 묻어줄 통일의 문이 언제쯤 열리게 될지 가늠이 되지 않는다.

<2018. 8.>

북경에서

6월의 북경은 스모그로 뒤덮고 있었다. 숨쉬기가 힘들어 짜증스러웠다. 그러나 중국인들은 익숙한 일상이라 예사인 것 같았다. 스모그 현상이 가장 심할 때가 3월이라 했다. 고비사막에서 발생한 황사와 지상에서 배출되는 오염 물질이 미세먼지를 만들었다. 미세먼지는 편서풍을 타고 한반도와 일본, 하와이를 거쳐 미국 서해안까지 날아가 지구의 반을 뒤덮는다고 하였다.

가까이 있는 우리나라는 피해가 극심하여 골머리를 앓고 있다. 발원지인 중국내륙은 심각한 상태다. 그럼에도 중국정부는 이 문제를 해결하려는 노력에 아주 미온적이다. 국제적인 비난에도 눈도 깜짝하지 않고 있으니 무슨 배짱인지 모르겠다.

여행 첫 코스는 명13릉明13陵이었다. 13릉은 북경시에서 북서쪽으로 약 50km 떨어진 천수산天壽山에 230년에 걸쳐 조성된 명나라 황제와 황후들의 무덤이었다. 총 13명의 황제와 29명의 황후, 1명의 귀비가 잠들어 있는 곳으로 면적이 무려 40만㎢라 하였다. 13개릉 중에 관람객에게 개방한 것은 장릉, 정릉, 소릉, 3곳이었다.

명13릉의 정문인 대궁문大宮門을 통과하면 신로神路가 펼쳐졌다. 길 양편에 사자, 해태, 코끼리 등 12쌍의 동물 조각상과 6쌍의 문·무관의 조각상이 근엄하게 서 있었다.

장릉長陵은 명나라 3대 황제인 영락제의 무덤으로 13릉 중에 최초로 조성되었고 규모가 가장 크다고 하였다. 영락제는 수도를 북경으로 천도하기 전인 1409년부터 이곳에 무덤을 조성하기 시작하여 18년이나 공사가 진행되었고 한다.

정릉定陵은 무려 48년을 재위한 14대 만력제의 무덤이었다. 6년에 걸쳐 자신의 묘역을 조성했는데, 완성된 능묘가 마음에 들어 지하 무덤 안에서 축하연을 열어 즐겼다고 하였다. 장릉에 비해 규모는 작지만 다량의 부장품이 발굴된 곳으로 대리석으로 만든 황제와 황후의 옥좌가 놓여 있었다. 만력제는 임진왜란 때 조선에 군대를 파견해 우리를 도운 인물이기도 했다.

지하 궁전을 나와 13릉 박물관을 둘러보았다. 황후의 화려한 복식과 금으로 만든 주전자와 수저통, 청화백자를 비롯해 금실로 만든 익선관翼善冠이 눈길을 끌었다.

명13릉에서 10㎞ 떨어진 팔달령장성에 올랐다. 만리장성의 일부 구간이었다. 높이 620m의 산을 케이블카로 올랐다. 장성은 고산준령을 따라 구불구불 뻗어 있었다. 기원전 220년, 진시황 때 북방민족의 침입을 막기 위해 처음엔 토성을 쌓기 시작하였다. 진나라가 망하고 한나라부터 명나라까지 보수와 축조를 계속하면서 돌로 성을 쌓아 길이가 늘어났다고 하였다. 성벽의 높이가 평균 7.8m, 기초를 쌓은 화강석의 무게가 500여㎏라 하였다.

한마디로 의아했다. 기중기도 없는 시대에 그냥 오르기도 힘겨운 산꼭대기에 돌로 성을 쌓았으니 불가사의한 일이었다. 이 험난한 공사에 얼마나 많은 백성들이 가혹한 노역에 시달렸을까. 문득 절대 권력의 횡포에 민초들이 당한 수난을 상상케 하였다.

세계에서 몰려든 관광객이 성곽에 넘치고 넘쳤다. 그 옛날 수많은 민초들의 희생이 오늘날 중국의 관광수입에 크게 기여하고 있다는 생각에 마음이 짠해졌다.

둘째 날, 천안문광장으로 갔다. 광장의 면적은 44만㎡로 100만 군중이 운집할 수 있는 도시 광장으로서 세계최대라 하였다.

1949년의 건국 식전행사를 위해 정비되어, 1959년 인민대회당, 중국역사박물관이 건립되었다. 1977년 모택동 주석의 기념관이 낙성되어 현재의 모습으로 형성되었다고 했다.

천안문광장과 가깝게 자리한 자금성은, 명나라 때 1406년에 공사를 시작하여 14년 만에 완공되었다고 했다. 총 면적이 72만㎡, 건축면적 15만㎡, 890채의 궁전, 9,000여 칸의 방이라니 규모가 어마어마했다. 여기에 소장된 문화재가 무려 100만여 건이라 하였다.

명나라와 청나라의 황궁으로 24명의 황제가 500년간을 통치한 곳이었다. 궁궐은 정무를 보던 태화전太和殿, 중화전中和殿, 보화전保和殿이 있었다. 황제와 후궁들의 생활공간인 건청궁乾清宮, 교태전交泰殿, 곤녕궁坤寧宮이 자리하고 있었다.

청나라 서태후의 별장이었던 이화원頤和園은 곤명호昆明湖와 만수산萬壽山으로 유명했다. 곤명호는 인공호수이지만 바다로 착각할 정도로 넓었다. 이 호수를 만들기 위해 파낸 흙이 산을 이루었으니 이것이 만수산이라 했다.

이화원은 전각, 누각, 교량, 탑 등이 아름답게 꾸며진 정원이었다. 728m의 긴 회랑은 비와 눈이 와도 산책할 수 있도록 만들어졌다. 여기에서 태극권을 하는 사람들이 많았다. 마치 산을 밀어내듯, 나무를 뽑듯, 하늘로 치켜올리듯 하는 행동들이 느릿

느릿하였다. 우리의 태권도와는 딴판이었다. 그들의 느린 동작은 여유와 만족의 표현인 듯하였다.

셋째 날, 천단공원天壇公園에 갔다. 공원은 북경시구 남단에 위치한 명·청대의 황제들이 하늘에 제를 지내고 오곡의 풍작을 기원하던 장소였다. 명나라 영락 18년(1420년)에 건조되었고 면적이 270만㎡였다.

다음 행선지는 세계 최대의 목각 불상으로 유명한 옹화궁雍和宮을 관람했다. 미륵불의 높이가 26m로 기네스북에 수록되었다고 하였다. 야간에는 골동품시장인 유리창 거리, 북경의 최고 번화가인 왕부정 거리를 거닐며 북경의 밤풍경에 젖어보기도 하였다.

북경여행의 안내를 맡은 가이드는 중국에서 10년 넘게 생활한 사람이었다. 그가 들려준 중국인들의 독특한 성향에 대한 얘기가 흥미를 더해 주었다,

중국인들이 무사태평인 것은 인구가 많다 보니 서두른다고 일이 되지 않는다는 의식이 뿌리 깊게 박혀있기 때문이라 하였다. 예를 들면 수도가 고장이 나서 불편해도 일주일은 참고 기다리는 미련한 사람들이라 했다. 외세의 침략이 있어도 바로 퇴치하기보다 장기전으로 흡수해 통합하는 성격이라 하였다.

음식과 음악, 춤사위에 외래문화가 섞여 있지만 혼재된 상태

는 중국의 것으로 여긴다고 했다. 역사적으로 기존 문화에서 다른 문화를 가미하면서 시대에 부합하는 새로운 문화를 만들어 왔다. 그것을 부끄럽게 여기지 않는 이유는 자신들이 세계의 중심이라는 자부심에서 비롯된 것이라 하였다.

중국을 지배하는 계층은 당원과 관리들이라 했다. 이들의 불법 행위, 특권의식, 부정부패가 만연해도 인민들은 별 관심을 두지 않는다고 했다. 심한 인간차별이 존재하고, 개인의 권리를 보장받지 못하는 사회라서 자기와 이해관계가 없는 일에 신경을 쓰지 않는다 하였다. 수많은 정변과 폭정을 겪으면서 무관심으로 세상을 살아가는 지혜를 체득한 까닭이었다. 그래서 중국의 부모들은 자식들에게 한결같이 "나서지 말라"고 가르친다고 하였다.

언론도 자기주장이 강하지 않다고 했다. 그저 시진핑의 말을 앵무새처럼 되뇔 뿐이었다. 이해관계도 없는 일에 혀를 잘못 놀렸다가 가혹한 보복을 당한 사례를 많이 보아 왔기 때문이었다. 그런 이유로 애국보다는 애가족적이고 개인주의적인 성격이 강하다고 하였다.

세상에서 가장 큰 권력을 돈이라 생각하고, 돈을 모으기에 혈안이 되어 있다고 했다. 돈 앞에는 체면도, 상하도, 남녀노소도 불구하는, 한마디로 환장한 사람들이라 하였다. 엉망인 것 같으면서 진지한 면이 있고, 무질서한 것 같으면서 질서가 유지되는 사회, 짝퉁천국이면서 진귀한 것을 만들어 내는 나라라 하였다.

기다림을 운명처럼 안분자족安分自足하는 천성적인 낙관주의, 현실순응주의로 공산당이 아니면 13억 인구를 이끌어가지 못한다고 하였다. 이런 기질이 중국정부의 통치와 경제성장에 순기능으로 작용하고 있다니 상식에 벗어난 희한한 나라라는 생각이 들었다.

<2005. 6>

행복의 의미

삶이란 걱정 없는 날이 없고 부족함을 느끼지 않는 날이 없습니다. 내일은 불투명하고 불안하지만 오늘보다는 더 좋을 것이라고 막연히 기대를 하고 있습니다.

누구나 삶이 힘들다고 합니다. 많이들 지쳐 있습니다. 그런 속에서도 행복해지려고 부단히 노력하고 있습니다. 그때그때 순간순간 "행복하다, 기쁘다"라고 표현하지만 과연 얼마만큼 행복하고 어느 정도 기쁘게 살아가고 있는지, 딱 잘라 말하기는 애매할 뿐입니다.

내가 느끼는 행복은 다른 사람에게는 작고 하찮을 수 있습니다. 가까이 있어 잡히기 쉬운 것도 있고, 멀고 험한 곳에 있어 상당히 공을 들여야 얻는 것도 있습니다. 이루기 위해 찾아가는 과정에서 느낄 수도 있고, 이루어낸 결과에서 찾을 수도 있습니다. 그래서 행복은 마음먹기에 달렸다 하는지도 모릅니다.

뭐니 뭐니 해도 행복의 원천은 건강이겠지요. 건강해야 무엇에든 도전할 수 있는 의욕이 생기고, 건강해야 남을 행복하게 할 수 있을 테니까요. 그렇지 못하면 주변 사람들에게 도움을 받아야 하니 짐이 될 일이 많습니다.

아무리 화려한 옷도 몸에 맞지 않으면 불편하고 어색합니다. 그렇듯, 내 뜻이 아닌 남의 뜻에 끌려 다닌다면 늘 불안하고 소극적으로 행동하게 됩니다. 비록 하찮은 일이지만 자신의 소질과 적성에 맞는다면 바로 자기의 길을 발견한 것이겠지요. 그때부터는 아주 신명이 나고 보람과 삶의 의미를 느끼게 될 것입니다.

문제는 그 길을 찾아내기가 쉽지 않다는 것입니다. 빨리 찾을 수 있다면 성공이 빨라져 그만큼 누리는 행복은 달라질 것입니다. 그 길을 발견하지 못해 돌고 돌다가 우연히 극적인 순간을 만날 수도 있습니다. 늦어도 자기의 길을 만난다면 황홀해질 것입니다.

누구나 성장하면서 세상에 태어난 까닭이 무엇일까. 살고 있는 목적은 무엇인가. 이런 질문을 가지게 합니다. 크든 작든 고통과 좌절의 쓴맛도 겪게 됩니다. 그런 과정을 거치면서 인생이란 무엇인가에 대한 의문을 풀어 가고 행복의 의미도 달라지고 있습니다.

사실 인생의 절반은 좌절의 맛을 보면서 자신을 원망하기도 하고 세상을 비관하면서 방황하고 있습니다. 그 방황 속에서 흔들리고 혼돈스러움에 갈등하면서 행복을 소망하고 행복의 소중함을 터득하고 있습니다. 인간은 물질적인 풍요만이 아니고 자기 성찰을 통한 정신적 풍요로움과도 조화가 필요합니다. 이 조화가 이루어지면 행복지수는 높아질 것입니다.

세상에는 시간과 무관한 것은 없습니다. 젊은 시절에는 외적인 아름다움을 쫓다가 나이가 들면 내적 아름다움에 눈을 돌리게 됩니다. 내적 아름다움은 자신의 잠재력을 개발하여 다양한 경험과 지식을 쌓아가는 일입니다. 내적 아름다움이야말로 인간의 행복을 더 오래 지속되게 합니다. 거기에 가치를 두고 정신적 충족감을 높여간다면 참으로 멋진 삶이 되리라 믿습니다.

우리는 빈손으로 떠나는 줄 알면서도, 그 빈손을 채우려 욕심을 부리고 있습니다. 준비되지 않는 일에 과욕을 부리다 불행을 불러오고 있습니다. 돌탑을 쌓듯 하나하나 정성을 다지는 노력 없이 대충 넘기려다가 실패를 자초하게 됩니다.

다들 행복이란 그 무엇을 찾아 헤매며 허덕이고 있습니다.

결과는 "먹고 입고 자식을 기른 일 밖에 없다." 합니다. 그러고 보면 인생에 있어서 가장 기본적인 과업이 의식주를 해결하고 자식을 교육하는 일입니다. 대부분 여기에서 크게 벗어나지 못하고 있습니다.

자아실현이라는 한 차원 높은 꿈들은 시간과 돈, 능력의 한계에 부닥쳐 좌절되었습니다. 석양이 기울어져 가는 뒤늦은 시간, 두드리지 못한 문턱을 넘어 보려고 마음을 먹을 수 있는 것에서도 행복이 느껴집니다.

별 따기

종일 일에 쫓기다 퇴근을 하였습니다. 커피도 한잔할 틈이 없었습니다. 느지막하게 집에 돌아 온 나는, 밥상 앞에 앉아 정신없이 식사를 하고 있었습니다. 그때 아내가 말을 걸어 왔습니다.

내용인즉 "친구의 아들이 대학을 졸업하고 공무원 시험에 응시하려고 하는데 금년도의 채용시험계획을 알아봐 달라."는 부탁을 받았다고 했습니다. 나는 그거야 인터넷 사이트에 들어가 보면 상세히 알 수 있다고 했습니다.

그러자 아내는 그것을 프린트를 해서 주면 좋겠다고 해서 나는 식사를 마치고 곧바로 출력을 해주었습니다. 이튿날 아내는 그것을 자기 친구에게 전해 준 모양입니다. 아내의 친구는 "9급에 응시하는 것보다 7급 시험에 응시하라고 권해야겠다."는 말을 하더라고 전해 왔습니다.

"당신 친구의 아들은 공부를 아주 잘하는 모양이지?"

"그렇지도 않는 것 같던데…."

"거참! 9급 시험도 하늘의 별따기야."

"………."

"9급 공무원이 되기 위해 대학을 졸업하고 3~4년간 학원에 다니며 뼈 빠지게 공부를 해도 될까 말까야……."

사실 1997년 IMF 이후 4년간 공무원 채용을 동결시켜서 많은 젊은이들이 공무원을 희망했으나 응시할 기회조차 없었습니다. 대구시에서도 채용시험을 중단했다가 2001년부터 시험을 재개함에 따라 엄청난 응시자가 몰려들었습니다. 그 후, 그 집 아들이 시험에 합격을 했다는 소식이 없는 걸 보니 몇 번의 도전 끝에 다른 길을 택한 모양입니다.

나는 2005년 3월에 시행한 대구시 행정직 공개채용 시험의 면접시험관으로 차출되었습니다. 그것을 계기로 공무원 시험 경쟁상황을 실감할 수 있었습니다. IMF를 기점으로 고용환경이 급격히 바뀌었습니다. 조기퇴출, 임금동결, 비정규직이란 것이 이때에 생겨났습니다. 그러자 정년이 보장되는 안정적인 직업을 선호하면서 공직으로 응시생이 몰려들었습니다. 50대 1은 보통이고 100대 1의 넘는 경쟁률을 보였습니다. 이건 그야말로 "별 따기"가 되어 버렸습니다.

사실 내가 공무원 시험을 칠 무렵에는 지금처럼 경쟁률이 높지 않았습니다. 고등학교 이상 진학률이 낮은 시절이었기 때문입니다. 한편 대학졸업자는 월급을 많이 주는 대기업을 선호한 이유도 있었습니다.

그때는 경쟁률이 낮은 관계로 컷 라인에 동점자가 적어 특별한 경우가 아니면 학과 성적이 우수한 자가 최종합격자로 결정되었습니다.

그러나 상황이 많이 달랐습니다. 행정직에서 모집인원이 40명이었는데 필기시험에 동점자가 16명이나 되어 55명을 1차 합격자로 발표하였습니다. 결과적으로 면접에서 15명이 떨어지게 되는 것입니다.

면접시험관은 3명이었습니다. 용모와 태도, 인생관, 일반상식 등, 공직자로서 자질과 소양을 알아보는 것으로 배점 기준이 계량화되었습니다. 면접 방법도 한 사람씩 입장시켜 3명의 면접관이 돌아가면서 질문하고 답하는 식으로 진행하였습니다.

놀라운 것은 100대 1이 넘는 비율을 제치고 합격한 인재들이라 정말 모두가 똑똑하고 논리 정연한 젊은이들이었습니다. 컷 라인이 95점이고, 컷 라인에 동점자가 16명이나 되니 참으로 유능한 재원들이 공무원으로 모이고 있다는 것을 짐작할 수 있었습니다.

면접이 끝난 후, 면접관들은 개별적으로 채점한 결과를 집계하여 인사담당관에게 인계함으로써 임무는 끝났습니다. 높은 성적을 내고도 15명이나 탈락되어야 한다는 현실이 참으로 마음 아픈 일이었습니다.

자동화, 전산화 이면에는 일자리가 점점 줄어들고 있습니다. 기업은 값싼 임금을 찾아 해외로 떠나고 있습니다. 청년 실업이 넘치는 이 시대에 '별 따기'와 같은 취업전선에서 노심초사하는 젊은이들의 고충이 애처롭기 그지없는 세상이 되었습니다.

사회구조의 변화 속도와 수요에 맞는 인력자원의 공급이 불균형을 이룬 결과가 큰 원인이 아닐까 합니다. 미래의 수요를 정확히 예측하고 대학의 학과가 탄력성 있게 조정되는 인력 양성체계가 뒷받침되어야 할 것 같습니다.

동인동 인생

아침 밥숟가락만 놓으면 달려가던 곳이었습니다. 비가 오나 눈이 오나 그곳을 향했습니다. 거기는 내 생애에 가장 많은 시간을 투자하면서 내 젊음을 불사르고 내 가족을 건사하게 하던 곳입니다.

동인동 1가 1번지, 그곳을 떠난 지는 10년이란 세월이 넘었습니다. 이방인이 되어 멀리 떨어져 있으니 그곳의 중요성과 필요성조차 잊고 분방한 시간을 보내고 있습니다. 내가 그 속에 갇혀 온갖 제약을 받고 있을 때는 뭐 그리 할 일이 많고 바빴을까 싶습니다.

아마 지금에 와서 그곳의 존재를 의식하지 못하고 있다는 것은 거기를 지키고 있는 후배들이 시민의 가려운 곳을 잘 긁어 주기 때문일 것입니다. 생활에 필요한 복지, 문화, 환경 등 온갖 행정서비스가 별다른 장애 없이 잘 돌아가고 있기에 그 곳의 존재를 인식하지 못하고 살아갈 뿐입니다.

나는 거기서 보낸 세월을 계산해 보았습니다. 1983년 동구청 총무과에서 시청 세정과로 전보되어 시정과, 지역경제과, 교육원, 의회사무처, 기획관실, 건설행정과, 체육청소년과를 거치면서 2006년까지였으니 23년이 되었습니다. 35년 공직생활의 3분의 2를 동인동에서 보낸 셈입니다.

역사를 더듬어 보니 전두환 대통령 시절에서부터 노태우, 김영삼, 김대중, 노무현, 이명박 대통령까지였습니다. 시장도 11명이나 거쳐 갔습니다. 그중에서도 기억나는 분을 상기해 본다면, 두류공원조성, 신천대로 등 도시계획을 정비하고 푸른 대구 가꾸기로 유명한 이상희 시장. 대구·경북 경제발전연구원을 설립하고 시장 직을 떠나 4선 국회의원을 지낸 이해봉 시장, 관선 마지막 임명직으로 말단직원에서 시장의 자리에까지 오른 이종주 시장, 초대 광역 민선시장으로 당선되어 국채보상기념공원, 2·28기념공원 등 도심공원 조성과 도시녹화사업에 성과를 이룬 문희갑 시장, 관선시장을 역임한 뒤에 민선시장으로 당선되어, 세계육상 선수권 대회를 유치하여 대구의 이미지를 세계적으로 널리 알리게 한 조해녕 시장을 꼽아봅니다.

해마다 새해 설계를 하고 그 업무를 추진하다가 업무감사를 통해서 잘잘못을 평가받으면서 한 해를 마무리하고 또 새해를 설계하기를 다람쥐 쳇바퀴 돌 듯하였습니다. 대통령이 바뀌면 국정지표가 바뀌고 시장이 바뀌면 시정의 주요 정책 방향이 달랐습니다.

거기에 맞추어 변화해야 하고 가시적인 성과를 거두어야 하는 일들로 동인동 인생은 바쁨의 연속이었습니다. 시대를 초월하기 위해 언제나 외치는 구호는 전진과 도약이었습니다. 서구의 선진국을 따라잡고 다른 도시와의 경쟁에서 밀리지 않기 위해서는 전진, 또 전진이었습니다.

앞만 보고 달리면서 관주도적으로 이끌어 오던 행정력이 급속한 국가 발전을 일으키는 바탕이 되었습니다. 건국 60년 만에 가난한 나라가 세계 10위권의 부강한 나라로 우뚝 서게 되었습니다. 이처럼 세계를 놀라게 한 동력은 누가 뭐래도 훌륭한 지도자, 행정의 선도적인 역할, 부지런한 국민성이 바탕이 되었던 것이라 말하고 싶습니다.

동인동 청사는 하루 24시간 불이 켜져 있었습니다. 새마을 운동 이후부터 하나의 관례가 되었습니다. 이런 무한의 봉사로 이룩한 결실은 주5일근무제를 촉진하고 복지국가의 문턱을 두드리게 하였습니다.

그동안 여러 부서를 거치면서 기억나는 일을 기술한다면, 전두환 정부는 유아교육에 역점을 두었습니다. 이전까지는 초등학교에 들어가기 전 5~7세의 일부 부유층 자녀들 위주로 유치원을 다니고 있었습니다. 1982년 새마을 유아원을 설립하여 1~7세의 영유아들에게 조기 교육기회를 부여하고 맞벌이 부부의 탁아기능을 겸비하게 되어 유아교육 확대에 획기적인 전기를 마련하였습니다.

유아 보육업무는 보건복지부와 시·도의 보건복지국이 맡아야 할 일이지만 청와대에서는 보다 빠른 성과를 거두기 위해 내무부와 시·도내무국에서 관장하도록 하여 시정과·지방과에서 업무를 맡았습니다.

우선 시설 확충이 관건이었습니다. 대구 시내에 유휴 국공유지를 찾아 공립 유아원을 짓고, 시설기준에 합당한 곳은 사립을 인가하여 57개소 7,000여 명을 수용할 수 있게 하였습니다. 유아교육의 기초가 다져진 후, 1991년에 보건복지국으로 업무가 이관되어 '어린이집'으로 명칭이 바뀌거나, 일부는 교육부 산하 유치원으로 전환되었습니다.

86아시안 게임과 88올림픽을 치르기 위해서는 친절, 질서, 청결운동을 범국민 참여운동으로 전개하였습니다. 이때에 펼친 운동의 결과로 시민들의 친절의식이 현저하게 높아졌습니다. 차례를 지키기 위해 줄서기가 정착되고, 공공시설의 화장실이 세계에서 가장 깨끗하다는 호평을 받고 있습니다. 이런 선진시민의식은 관광한국의 위상을 높이는 데 크게 기여하게 되었습니다.

그 외에도 1989년에 섬유산업 고도화를 위해 이태리 밀라노시와 자매결연 추진, 1990년 지역산업의 국제화를 위한 중국의 천진, 연길시와 기업의 교류지원, 1992년 대구·경북 경제발전연구원 설립, 1995년 지방의회 기능의 조기 정착을 위한 행정지원. IMF 이후 2000년 공무원 구조조정을 위한 기구와 정원 감축, 2002 대구 장기발전계획 수립, 2005 대구세계육상대회 창설, 2005년 2011세계육상 선수권대회 유치를 위한 유치위원회 창립 및 유치위원회 사무처 개설업무 등으로 2011 세계육상 선수권대회 유치기반 조성에 힘을 기울여온 것으로 요약해 봅니다.

대구의 발전을 향한 길목에 작은 벽돌 한 장을 놓는 정도에 불과할 것입니다. 구성원 개개인의 작은 역할들이 모이고, 그 역할들이 쌓여져 큰 물줄기를 이루는 것이 역사라는 생각을 해봅니다. 그 현장의 한 모퉁이에서 나의 청·장년시절을 보낸 것을 보람으로 여기고 싶습니다.

어쩌다 동료들과 퇴근길에 소주잔으로 목을 축이면서 스트레스를 푸는 시간이 유일한 낙이기도 했습니다. 동인동 주변에는 월급쟁이들의 형편에 맞는 맛집들이 즐비하였습니다. 따로 국밥집, 국숫집, 복어집, 수제비집과 같은 실비집이 우리와 공생관계를 유지하며 번창하였습니다. 퇴직 후에도 그 맛이 그리울 때면 그곳을 찾아 가곤 하였습니다.

어떤 상황에서도 동인동 인생에게는 늘 가슴에 담고 있어야 할 신조가 있었습니다. 국가에는 헌신과 충성, 국민에는 정직과 봉사, 직무에는 창의와 책임, 직장에는 경애와 신의, 생활에는 청렴과 질서였습니다. 긴 세월, 이 궤도에서 벗어남이 없도록 행동하고 생활하려고 무던히도 애써 왔던 시간으로 기억되고 있습니다.

<2018. 7.>

노년의 시간

퇴직을 한 지도 벌써 10년이란 세월이 지났습니다. 옛적에 70세까지 사는 사람이 드물다 하여 고희古稀라고 했던 그 나이도 넘었습니다.

젊은 날, 그렇게 지겹게 느껴지던 세월이 지금 와서 돌아보니 그저 눈 깜짝할 순간이었습니다. 요즘의 하루하루는 쏜살같이 지나가고 있습니다. 이런 속도라면 남은 세월은 잠시에 불과하리라는 생각이 듭니다.

최근 나의 주요 일과는 서예공부를 위해 서실에 나가고 있습니다. 퇴직 초기에는 욕심을 내어 이곳저곳의 평생교육원을 다니며 여러 과목을 수강하고 시간을 보냈습니다. 그러다 보니 제대로 되는 것이 없어, 한 가지에만 집중하겠다고 선택한 것이 서예입니다.

서예를 시작한 지 7년이 지났습니다. 비교적 많은 시간을 투자한 편입니다. 그에 비하면 두드러진 성과가 나타나지 않고 있습니다. 병풍이나 액자로 작품을 만들어야겠다는 마음을 먹고 있지만 아직 그럴만한 정도에는 이르지 못하고 있습니다. 좀 더 숙련의 기간을 거쳐야 될 것 같습니다.

다음으로는 병원에 들락거리는 일입니다. 몇 년 전부터 병원에 다니는 날이 부쩍 늘어났습니다. 치아가 좋지 않아 인플랜트와 일부 틀니를 하는데 거금을 들여 2년간을 병원에 다녔습니다. 서혜부 탈장 수술이며, 어깨 통증으로 입원을 하여 수술을 받기도 하였습니다. 허리통과 무릎 관절통이 잦아 수시로 병원을 찾고 있습니다. 시력이 나빠져 안경을 몇 번이나 바꾸어 왔습니다.

위통이 나고 속이 쓰리면 무슨 큰 병인가 싶어 슬며시 걱정이 됩니다. 작은 아픔에도 민감해집니다. 면역력이 떨어지니 감기도 자주 걸리게 됩니다. 감기약에 취해 정신이 몽롱해져서 하던 일도 며칠간 손을 놓기 일쑤입니다.

몸 상태가 좋지 않아 병원에 갈라치면, 왜 그리 아픈 사람이 많은지, 차례를 기다려 진료를 받고 나면 한나절이 훌쩍 지나가

버립니다. 병원에 들락거리면서 많은 시간을 허비하고 돈도 빼앗기고 있습니다.

사는 동안 고통스럽지 않고 자식들에게 짐이 되지 않으려는 마음이 앞서서 별것 아닌데도 병원을 찾게 됩니다. 더 중요한 것은 지금의 기력이라도 유지하여 못다 한 일들을 마무리해야겠다는 생각에서입니다.

노년의 건강상태는 "칠십이 넘으면 해마다 달라지고, 팔십이면 달마다 다르고, 구십이면 나날이 다르다"는 시중에 회자되는 말이 섬뜩하게 가슴에 와 닿습니다.

내 생전에 해야 할 일들이 뭐가 있는지를 하나하나 챙겨 보려고 합니다. 우선 생각나는 큰 숙제가 아버지에게 물려받은 고향 집을 정비하는 일입니다. 내가 태어나고 어린 시절을 보냈던 집입니다. 수리를 하자니 돈이 많이 들겠고, 그냥두자니 오래되어 낡아 있어 고민하고 있습니다.

햇살이 고운 가을날입니다. 창가에 앉아 새큼한 사과 맛을 음미하면서 이런저런 생각에 잠겨 봅니다. 세월은 나에게 많은 기회를 가져다주었습니다. 언제나 젊어있을 줄 알고 미적거려왔습니다. 미숙하고 깨치지 못해서 허공으로 날려버린 시간이 너무나 많습니다.

젊은 날에는 직장에 얽매여 일에 쪼들리고 시간에 쫓겼습니다. 노년의 시간은 내가 좋아하고 내가 하고 싶은 것을 골라 자기 주도적인 삶을 살 수 있는 데서 매력을 느낍니다. 그 속에서 즐거움을 찾아보려 합니다.

이제 나에게 주어진 시간은 얼마일지 모릅니다. 남은 시간은 가을 햇살에 탐스럽게 익은 사과를 따는, 그런 의미 있고 보람찬 나날이었으면 합니다.

<2018. 10.>

4.

뒤처진 걸음으로

나는 유행에 별로 관심을 두지 않고 둔감하게 살아 왔습니다. 그런 성미로 다른 사람보다 몇 년이나 뒤처진 삶을 살아온 것 같습니다. 예를 들면, 컬라 TV가 출시되어 집집마다 새로운 TV를 들여 놓아도 나는 수명이 다할 때까지 흑백 TV를 고수하고 있었습니다. 그러고 수년이 지나서 두께가 얇은 평면 TV가 나왔습니다. 몸통이 커다란 구형 TV를 쓰는 데까지 쓰려고 했습니다. 하지만 별도의 변환 모니터를 설치해야 한다기에 어쩔 수 없이 평면 TV로 바꾸게 되었습니다.

다들 자가용을 끌고 다녔지만 나는 운전면허를 따고 10년이 넘게 서랍에 넣어둔 채 대중교통을 이용했습니다. 컴퓨터는 자식들이 수시로 부품을 바꿔서 업그레이드를 해주기에 그것을 쓰다가 몇 해 전에 간편한 노트북으로 바꾸었습니다. 스마트폰도 자식들이 생일선물로 구입해 주었습니다. 그렇지 않았다면 여전히 폴더폰을 쓰고 있을지도 모릅니다.

이렇게 유행에 우둔한 습성은 주거생활에도 변화를 주지 못했습니다. 다들 생활에 편리한 아파트를 선호하는데, 나는 여태껏 한 번도 아파트에 살아본 적이 없습니다.

오래도록 셋방살이로 전전하다가 수중에 있는 돈을 털어서 허름한 단독주택을 구입하였습니다. 그 후 좀 더 나은 주택으로 두어 번을 옮겼습니다. 그러다 지금 내가 살고 있는 집으로 이사를 왔습니다. 여기서 살아온 지도 벌써 20년이 넘었습니다.

집을 옮길 때마다 많은 돈을 보태었습니다. 그럼에도 불구하고 단독 주택은 재산이 불어나는 것이 아니고 점차 건물이 노후되어 땅값만 쥐고 있을 뿐이었습니다. 반면에 아파트는 계속 상승세로 이어져 재산을 늘리는 수단이 되었습니다.

재테크에 재주 있던가, 간덩이가 큰 친구들은 전액을 은행대출금으로 사고팔기를 계속하면서 시세차액을 남겨 재산을 불리어 갔습니다. 결과적으로 그들은 시대의 조류를 잘 읽어 대궐같이 넓은 아파트에 살고 있습니다.

지금은 자식들이 새로운 둥지로 떠나고 아내와 둘만 남아 있습니다. 공간이 협소하여 불편한 것은 아닙니다. 어쩌다 며칠간 집을 비울 일이 생기면 걱정입니다. 아무래도 단독주택은 보안이 허술하여 안심이 되지 않기 때문입니다.

건물도 나이를 먹으니 허물어지고 고장이 잦아 손댈 일이 많습니다. 그렇다고 이제 와서 아파트로 옮길 형편도 못 됩니다. 단독주택은 매매가 잘 되지 않고 있습니다. 설령 매매가 이루어진다 해도 돈을 더 보태어야 아파트로 옮길 수 있으니 그럴 여력이 없습니다. 젊어서 돈을 벌 때 진작 바꿔 타기를 했어야 하는데 때는 늦었습니다.

돌아보면 소심하고 센스가 부족한 탓입니다. 빚을 끌어다가 일을 저지르는 과단성을 부렸다면 어떻게 되었을까. 아마도 재산을 불리는 데 도움이 되었을 확률이 높았을 것입니다. 어쨌거나 시대의 변화를 빨리 받아들이지 못하고 세상물정에 둔한 것은 사실이었습니다.

작은 월급으로 아끼고 아끼면서 살았습니다. 절약의 덕으로 애들을 공부시키고 조그마한 주택이라도 소유하고 있습니다. 그런 반면에 남의 돈을 겁 없이 끌어들여 과욕을 부리다가 낭패를 당한 사람들을 보았습니다. 유행을 좇아 낭비를 하다가 그 많던 재산을 날린 사람들도 보아왔습니다. 그들의 노후생활은 어렵기 그지없습니다. 이런 실패한 이들을 보면서 스스로 위안을 하고 있습니다.

최근에 와서도 시대에 뒤진 서예공부를 하고 있습니다. 코리타분한 줄 알면서도 재미를 붙이고 있으니 평생을 뒤처진 인생을 사는 것 같습니다. 그냥 하는 일 없이 무료하게 시간을 보내는 것보다 무엇인가 하고 있다는 것에 의미를 부여하고 있습니다.

지금까지 한 발 앞서서 끌어가는 삶이 아니라, 이것저것 견주면서 매양 뒤쳐진 걸음으로 바보처럼 살아 왔습니다. 여전히 나는 느린 걸음으로 뚜벅뚜벅 갈 수밖에 없습니다. 아무래도 천성은 바뀌기가 어려운가 봅니다.

물갈이

한 해가 저무는 길목으로 접어들면 대지는 온통 움츠려 있습니다. 나무들은 옷을 벗고 앙상한 가지를 드러내고 있습니다. 긴 겨울잠에서 새봄을 맞을 에너지를 충전하고 있을 겁니다.

이때가 되면 직장인들도 자의든 타의든 옷을 벗어야 하는 사람들이 있습니다. 산천초목은 옷을 벗어도 매양 그 자리를 지키고 있습니다. 그러나 사람들에게 옷을 벗는다는 것은 그 자리를 떠난다는 의미를 담고 있습니다.

직장에는 해마다 반복되는 '물갈이'라는 명목으로 기존 사람들이 물러나고 새로운 사람으로 채워지고 있습니다. 평생을 바쳐 올라온 자리를 내어주는 사람, 그 빈자리를 차지하는 사람과는 희비가 엇갈리게 됩니다.

사실 따져보면 직장을 떠나는 것을 두고 서운해하거나 슬퍼할 일만은 아닙니다. 이미 정년이 정해져 있어 예정된 차표를 쥐고 있음이나 다름없으니 말입니다. 그러나 대부분 눈물을 보이고 아쉬워하고 있으니 인지상정人之常情인가 봅니다.

인생에 있어서 종점을 몇 년 며칠이라고 콕 찍어서 정확히는 알 수가 없습니다. 그날이 언제일지를 모르다 보니, 수백 년을 살 것처럼 과욕을 부리고 있습니다. 마지막까지 돈과 권리에 집착하며 거기에 매달려 노예로 살아가려 하고 있습니다.

아무리 욕심을 부려도 종점이 있습니다. 잠시 왔다가 가야 하는 왕복이 되지 않는 승차권을 쥐고 있습니다. 때가 되면 물러날 줄 아는 용단은 후진들을 위한 아름답고 멋진 퇴장이라 합니다.

며느리가 손주들을 데리고 온다는 연락이 왔습니다. 그때부터 방안에 여기저기 너부러져 있는 물건들을 정리하면서 분주해지기 시작합니다. 아내는 아이들이 좋아는 과일과 반찬거리들을 사다가 냉장고에 채우고 있습니다.

그 무렵, 대문을 밀어젖히고 “할머니--, 할아버지--”를 외치며 달려와서 품에 안겨 옵니다. 결리던 허리통도 한순간 다 잊어버리게 합니다. 적적하던 시간, 손주들의 얼굴을 마주하니 입가에 잔잔한 웃음이 번져나면서 새로운 힘이 솟아나고 있습니다.

손주들은 내 자식을 키울 때와는 전혀 다른 느낌입니다. 내 자식에게는 아버지의 존재가 근엄해야 하는 것으로 가까이하지를 못했습니다. 늘 지친 모습으로 들어 와서는 잠만 자고 나가는 것이 일상이었습니다. 그저 배곯지 않게 하고, 학비를 마련해주는 것으로 아비의 노릇을 다한다고 여겼습니다.

손주들에게는 모든 것을 허용하는 관용이 베풀어지고 있습니다. 집안이 온통 시끌시끌해집니다. 그들의 수다와 재롱에서 또 하나의 기쁨을 느끼게 합니다. 먼 미래를 내다보게 하는 꿈을 안겨다 주고 있습니다.

초목들이 잎을 떨구었다가 새싹을 돋게 하는 소멸과 생성, 직장에서 후배에게 물려주고 떠나는 퇴장, 가문의 대를 이어가는 과업. 모두 자연의 이치라는 범주에 집어넣어 생각해 봅니다.

이들은 물러나는 서운함과 상실감, 이어가는 기쁨과 희망이 교차하면서 인간의 감성을 건드리고 있습니다. 세상은 새로운 것을 받아들일 때에 발전한다는 이치입니다. 비정하다고 생각되는 물갈이는 사회를 더 신선하고 더 활기차게 만들어 줄 것입니다.

달항아리

퇴직을 하고부터는 집안 청소를 내가 맡았습니다. 먼저 진공 청소기로 방바닥의 먼지를 빨아들이고 물걸레질을 합니다. 그리고는 책장, TV, 탁자 위에 먼지를 닦아냅니다. 이렇게 청소를 하다 보면 금방 한나절이 훌쩍 흘러버립니다. 별로 생색이 나지 않는 자질구레한 일에 많은 시간을 허비하는구나 싶습니다. 여태껏 이런 일을 맡아온 아내의 노고를 돌아보게 합니다.

그놈의 먼지는 어디서 생성되어 날아드는 것인지 며칠만 손길이 가지 않으면 보얗게 쌓이고 있습니다. 탁자나 문갑 위에 놓인 화장품을 비롯한 잡동사니가 너저분하게 놓여있습니다. 이들도 주기적으로 가지런히 정리를 하고 하나하나 닦아주어야 집안이 깔끔해집니다.

언제부턴가 서랍장 위에는 제법 큼직한 항아리가 올라져 있었습니다. 항아리는 배가 불뚝하고 둥근 보름달 모양을 하고 있습니다. 색상이 현란한 것이 아닌 소박한 흰색 도자기입니다. 거기에 사군자나, 화조 그림이라도 한 점 그려 있다면 제법 돋보일 텐데 그렇지 않습니다. 그냥 무색무취할 뿐입니다.

흰색의 항아리에는 먼지가 묻어도 별로 표가 나지 않습니다. 표면이 맨질맨질하여 잠시 걸레질을 하고 나면 윤기가 선명하게 본래의 모습으로 쉽게 돌아옵니다. 소박하면서 속을 비운 채 의젓하게 자리를 차지하고 있습니다. 유리창 너머 밝은 햇살이 비칠 때는 더 맑은 빛을 발하면서 은은함을 더하고 있습니다.

달항아리 옆에는 필기도구나 빗 같은 소품을 꽂아 두는 용도로 쓰고 있는 작은 도자기가 또 하나 있습니다. 이것은 속이 둥근 원형으로 되어 있으며 겉면은 요철이 되어 있어 올록볼록합니다. 색상은 청잣빛을 하고 곡선이 많아 보기에 아름다워 시선을 끌고 있습니다.

반면에 곡선과 주름 잡힌 곳에 먼지가 끼면 그 모습이 추해집니다. 그곳의 먼지를 닦아내려면 주름진 구석을 일일이 긁어내듯 솔질을 해야만 합니다. 부피가 큰, 달항아리보다 작은 필통을 닦는 데 훨씬 손이 많이 가서 짜증나게 합니다.

평소에 무관심했던 내가 집안 청소를 담당 하면서부터 달항아리가 품고 있는 진정한 모습을 이해하게 됩니다. 어느 교수의 문화예술에 관한 강의에서 "고귀한 단순과 고요한 위대"란 말이 생각납니다. 예술은 단순함에서 고귀한 감정을 일으키고, 조용함에서 위대함을 느낄 수 있다는 얘기입니다. 바로 달항아리는 모양이 단순하고 색깔이 화려하지 않고 순수함을 지니고 있어서 그 품격이 더 고상함을 지니고 있습니다.

대화를 할 때나 글을 읽을 때도 길고 난해한 것보다 간단하고 명료한 것이 빨리 가슴에 와 닿게 하고 있습니다. 복잡하기보다 단순한 것이 더 편해서 그것을 선호하고 있습니다. 조직도 크고 인원이 많다고 좋은 것이 아닙니다. 작지만 정예화 된 조직이 효율성과 기동성이 있어 큰 성과를 내고 있는 경우가 많습니다.

온갖 형상의 조각품은 굴곡이 많아 겉보기에 정말 정교하고 아름답습니다. 반면에 표면이 밋밋하거나 둥글고 단순한 것들은 미적인 수준이 떨어져 보입니다. 그러나 따지고 보면 단순하고 소박한 것들이 은은한 품격을 지니고 있어 오래 곁에 두어도 싫증이 나지 않습니다. 마모되거나 부서질 확률이 적어 보관과 관리에도 한층 손쉬운 점이 있습니다.

달항아리처럼 우리의 삶도 소박하면서 모나지 않는 우아한 기품을 잃지 않는 것이 진정한 멋이고 아름다움이라 여겨집니다. 검소하면서 누추하지 않고[儉而不陋] 화려하면서 사치스럽지 않는[華而不侈] 작품이 오래도록 사랑을 받고 있음을 일깨워 주고 있습니다.

버리기

연필 한 자루도 잃어버리는 날이면 아까워 잠이 오질 않았습니다. 그 시절, 아버지는 손에 잡히지 않는 몽땅 연필이 되어야 새것을 사주곤 하였습니다. 밤이면 어머니는 호롱불 곁에서 식구들의 떨어진 양말을 꿰매었습니다. 이런 시대에 자란 나는 무엇이든 쉽게 버리지 못하는 습성을 지니게 하였습니다.

옷장에는 유행이 지났을 뿐이지 아직 한 군데도 해진 곳이 없는 옷들이 가득 차 있습니다. 몇 년 전부터 아예 한 번도 입지 않는 것들은 정리하여 버리거나 필요한 사람들에게 나누어 주는 것이 옳은 일인데도 쉽게 실행에 옮겨지지 않고 있습니다.

기술의 발전 속도가 빨라지니 생활용품이 자꾸만 세련된 모양으로 변해 왔습니다. 고장 한 번 나지 않는 물품을 성능이 떨어져 불편하다는 이유로 새것을 사들이고 있습니다. 자동차를 바꾸는 것을 무슨 취미로 생각하는 친구가 있습니다. 마음에 드는 신차가 출시되었다는 소식을 들으면 바로 바꿔야 쾌감을 느낀다고 합니다. 시대에 뒤지지 않으려는 것은 인간의 욕구이지만 지나치게 유행을 쫓다 보면 낭비가 심하고 비용부담이 만만치 않습니다.

옷장에는 철마다 입을 옷들이 가득하고, 신발장에는 구두, 운동화, 등산화들이 꽉 차 있습니다. 어릴 적엔 단벌 옷에 한 켤레의 고무신으로 학교를 다니며 산과 들을 헤매었습니다. 그런 것을 생각하면 지금 우리는 물질이 넘치는 복 받은 시대에 살고 있습니다.

휴대폰으로 주문만 하면 무엇이든 갖고 싶은 물건이 안방에까지 배달해주는 세상입니다. 물질만능의 시대는 인간의 본성도 뒷전으로 밀려나게 합니다. 부의 불균형으로 인간을 종속관계를 만들고 있습니다. 물질이 곧 행복인 것으로 인식되어 사람들은 돈의 노예로 전락하여 있습니다. 이로 인한 인간성의 상실, 상대적 박탈감으로 또 다른 사회문제들을 낳고 있습니다.

일을 진행하는 과정에서 긴요하게 사용한 자료나 도구들이 목적을 달성하고 면 쓸모없는 것으로 되고 맙니다. 언제일지는 모르지만 다시 사용할 일이 생길 것이라는 이유 때문에 버리지 못하고 있습니다. 이런 것들이 쌓여져 살림살이가 복잡해지고 있습니다.

화창한 봄날입니다. 휴일을 이용하여 버리지 않는 책과 옷, 가재도구들을 꺼냈습니다. 옷이나 신발은 지난 일 년 이상 한 번도 사용하지 않는 것은 버리기로 하였습니다. 녹음기, 비디오, 카메라 같은 제품은 사용이 가능하지만 휴대폰이 그 기능을 대신하고부터는 구석으로 밀려나 있습니다. 그렇다고 버릴 수가 없어 일단 그냥 두기로 하였습니다.

책을 버리려니 고민이 많아집니다. 다시 읽히지 않는 전공서적은 낡고 빛이 바래져 있습니다. 월간 서적은 그 당시의 이슈와 논쟁들을 다루고 있어 나름의 가치를 지니고 있습니다. 논문집은 당대에 문제의식을 가졌지만 지금에 와서는 시기성과 적합성을 잃어버리고 있는 것들이 많습니다. 이들은 한 시대상을 반영하는 소중한 자료들입니다. 버리자니 아깝고 두자니 너무 복잡하여 망설여지는 것들입니다.

이제까지 몇 번의 이사를 하면서 헌것이라는 이유로 많은 것을 버렸습니다. 어쩌다 필요한 때는 버린 것을 후회한 일도 있습니다. 지금 내가 살고 있는 집에서 20년을 넘게 살았습니다. 그러다 보니 당장 필요치 않는 것들이 구석구석에 넘쳐나고 있습니다. 이런 것들을 꺼내어 정리하면서 버릴 것은 버리고 주변을 깨끗이 홀가분하게 하는 것도 삶의 지혜라는 생각이 들지만 여전히 쉽게 버려지질 않습니다.

이번 기회에 오래 간직해야 할 것과, 그러지 않는 것은 구분하여 아깝지만 과감하게 버리고 비우는 작업을 하려고 합니다.

대표자라는 사람들

4년마다 국민의 대표라는 국회의원 선거를 하게 됩니다. 선거 때만 되면 이합집산이 이루어지고, 당명만 바꾸고는 "새롭게 변신한 정당으로 태어났으니 지지해 달라."라며 국민을 현혹하고 있습니다. 어떤 이념을 표방하느니, 어떤 사람을 영입했느니 떠벌리고 있지만 내용을 들여다보면 분명한 색깔이 없습니다. 탈도 많고 흉도 많은 때 묻은 그 얼굴들이 대부분 자리를 차지하고 있습니다. 포장만 바꾸었을 뿐이고 내용은 별반 달라진 것이 없습니다.

선거전에 돌입하거나 국회가 열리면 한마디로 말의 성찬盛饌이 벌어지고 있습니다. 결국 입심이 좋아 말을 잘하는 사람이 인기몰이를 하게 됩니다. 이들은 하나같이 언어 사 능력이 기발한 달변가들입니다. 상대방의 말을 즉흥적으로 받아치는 대응력이 놀랍습니다. 선천적으로 빠른 머리 전과 구강신경이 잘 발달되어 있는 것 같습니다.

유권자들은 그가 살아온 길, 그의 인생관, 국가관을 검증하고 소신과 책임성을 따지기에는 관심이 적습니다. 유세장이나 TV 토론에서 말을 잘하여 분위기를 압도하는 사람이 지식이 많고 똑똑한 사람으로 평가하고 있습니다. 그것은 선거에 있어서 인물을 평가하는 가장 쉬운 방법이고 수단이 되어 왔기 때문입니다.

말 잘하는 사람들이 모인 집단이라 하루도 시끄럽지 않는 날이 없습니다. 정책의 선택기준을 놓고 시끄럽다면 칭찬할 일이지만 그런 것에는 이상하리만치 조용합니다. 당리당략을 위한 일이거나, 자신들의 이해관계와 얽힌 일에는 구차한 변명과 합리화에 뛰어난 입심을 발휘하고 있습니다.

제 편 껴안기에는 양심마저 내려놓고 있습니다. 한마디로 내가하면 로맨스고 남이 면 불륜이란 말이 공식적으로 용인된 집단입니다. 입심만 믿고 앞뒤도 가리지 않고 마구잡이 못 뱉은 말들이 일파만파로 번져 사회를 혼란스럽게 하면서 정국을 경색시키는 일도 서슴없이 연출하고 있습니다.

의혹이 발생하여 상대편에서 공격을 하면 “마녀사냥식 처벌은 있을 수 없다면서 온갖 거짓말을 늘어놓고 덮으려 합니다. 재산을 은닉하고, 세금을 탈루하고, 이권에 개입하여 부정을 저질렀는데도 “절대 그런 일이 없다”고 합니다. “음해하기 위한 모략”이라고 받아치면서 구차한 변명을 늘어놓습니다. 그러다 진상이 밝혀져 거짓이 탄로나면, 그때서야 사실임을 인정하여 비난을 키우고 있습니다.

선거 때 약속한 공약을 파기하는 일들이 빈번합니다. 말 바꾸기와 거짓말이 식은 죽 먹기보다 쉽습니다. 한마디로 낯이 두껍고 뻔뻔스런 사람들입니다. 청문회에서 사기극을 따지겠다고 벼르던 일이 시끄럽고 지루한 소모전으로 이어집니다. 시정되고 고쳐지기보다 결과는 다수의 힘에 밀려 유야무야가 되고 맙니다.

우리 사회가 안고 있는 안보, 일자리, 저출산, 노사문제와 같은 이슈들을 국민의 입장에서 고민하고 점검하여 정책을 제시하고 법률적 뒷받침을 하는 본연의 임무에는 뒷짐을 지고 있는 듯합니다. 국민이 정치를 걱정해야 하는 꼴이 계속되고 있습니다. 나는 「잡새들」이란 시로써 이들의 행태를 꼬집어봅니다.

<잡새들>

이리로 가야 한다
어림없다
팽팽히 견고를 틀어
폭로와 막말로 마구 발광하면서
아옹다옹 공방을 벌인다

때가 되면 날아와 알랑거리다
돌아서서 거들먹거리며 윽박지르고
입에 발린 엘레지로 민생, 민생
방앗간을 지나다
볼기가 터져라 꿀꺽, 꿀꺽

구들장을 들춰
얼기설기한 금맥을 캐려 하자
몽따며 뭉때리다
오물을 싸지르고 줄행랑을 친다

붓글씨 공부

우리들 세대가 초등학교에 다닐 적에는 붓글씨 쓰기가 교과 과정에 있었습니다. 그때 내가 쓴 글씨가 자주 교실 뒷벽에 붙여지고 선생님으로부터 칭찬을 받았습니다. 6학년 때는 군 교육청에서 시행한 붓글씨 대회에서 우수상을 받기도 했습니다.

군대 생활을 하는 동안 글씨를 잘 쓴다고 브리핑 차트를 작성하는 일에 차출되었습니다. 그래서 힘들고 험한 야전훈련에 열외의 특권을 누렸습니다. 그런 반면 밤늦게까지 차트를 작성하느라 잠이 부족하던 때가 많았습니다.

공무원이 되어서도 보고서 작성, 입간판 쓰기 같은 일이 내게 분담이 되었습니다. 이런 가외 업무에 시간이 빼앗겨 내가 맡은 본업무의 처리가 미루어지곤 하였습니다. 그러다 보니 남보다 퇴근을 더 늦게 하게 될 때는 짜증스럽기도 했습니다.

어디에서나 글씨를 잘 쓴다는 칭찬이 따라 다녔습니다. 그럴 때마다 선천적으로 물려받은 재능이라 조상의 음덕에 감사했습니다. 타고난 재능을 살리기 위해 전문적으로 붓글씨 공부를 하고 싶었으나 기회가 주어지지 않았습니다.

직장생활을 하는 동안은 붓글씨 공부를 시도한다는 것은 엄두도 내지 못하고 마음으로만 동경하고 있었습니다. 퇴직을 하고 나서 바로 시작하려 했으나 그것도 마음대로 되지 않았습니다. 우측 어깨의 회전근에 이상이 있다는 진단으로 수술을 하게 되었습니다. 그 후 회복 기간을 보내야 했고, 이런저런 사정으로 3년이 지나서야 시작할 수 있었습니다.

막상 공부를 시작해 보니 볼펜이나 사인펜 글씨를 잘 쓴다고 해서 붓글씨를 잘 쓰는 것은 아니었습니다. 붓을 다루는 운필법을 익혀서 거기에 맞추어 써야 하기 때문이었습니다.

…획을 시작할 때는 붓을 역입逆入으로 하여 중봉中鋒으로 나아가다가 마무리할 때는 필봉筆鋒을 감추어 장봉藏鋒으로 써야 한다…

이런 필법에 맞추어 획을 긋고 점을 찍어 보았습니다. 될 성싶은데도 손이 제대로 따르지 않았습니다. 붓을 잡고 서법에 맞게 정성을 들여 용을 쓰게 됩니다. 그렇게 하여 글씨쓰기에 빠지다 보면 한두 시간은 어떻게 흘러가 버리는지 모르게 지나가게 됩니다. 이런 과정에서 서예는 마음의 안정과 복잡한 일상의 스트레스를 정화해주는 역할을 하였습니다.

바둑, 테니스, 골프와 같이 대부분의 취미활동은 누군가 같이 할 수 있는 상대가 있어야 하는 것들입니다. 그러나 서예는 혼자서 즐길 수 있는 분야입니다. 준비물도 지필묵紙筆墨으로 간단해서 좋습니다.

서예는 구양순, 왕희지 같은 중국의 대가들의 필체를 임서臨書하는 과정을 거치면서 배우게 됩니다. 임서를 통해 기본 필법을 익혀 기초를 다지는 노력이 중요합니다. 고전을 바탕으로 숙련되어 쓰인 글씨라야 높은 평가를 받을 수 있기 때문입니다.

붓글씨는 손으로 익혀야 하는 기능적인 작업이라 짧은 시일에 성과를 기대할 수 없고 오랜 수련의 과정을 필요로 하고 있습니다. 그래서 "초년 문장 대가는 있어도 초년 서예 대가는 없다"는 말이 생겨났다 합니다.

그냥 단순하게 2~3년이면 되리라 생각하고 시작했다가 일 년도 채 되지 않아 포기하는 사람들을 많이 보아 왔습니다. 나도 5년 정도를 예상하고 시작했으나 벌써 7년이 되었습니다. 아직 갈 길이 멀고도 멀 뿐입니다. 입문한 지 40년이 넘은 사람도

“하면 할수록 어렵고 끝이 없다.”고들 합니다.

하기야 어느 공부든 끝이 있을 수 없고, 왕도가 따로 있는 것도 아니라 하지 않습니까. 그저 묵묵히 붓끝에 정신을 모아 연마하다 보면 경륜이 쌓이게 됩니다. 그러다 어느 날 갑자기 자신도 모르는 사이에 그려놓은 획들이 기품이 있고 생기가 있어 보인다 하니 그냥 꾸준히 연습하는 외에는 다른 방도가 없다고 합니다.

실력이 제자리걸음으로 멈춰있을 때마다 소득도 없는 일에 왜 이리 매달리고 있느냐는 생각이 들었습니다. 포기하고 싶은 갈등과 싸우면서 7년이라는 세월을 보내고 나니 이제는 붓을 잡는 시간이 마냥 즐거워지고 있습니다.

서예는 돈이 되는 일은 아닙니다. 직업으로 서예를 하려면 경제적으로 많은 어려움이 따릅니다. 단순히 취미활동과 여가선용으로 입문해야 하는 분야입니다. 특히 문화센터마다 값싼 강좌가 늘어나고 부터는 학원을 운영하는 사람들이 밥벌이가 되지 않고 있습니다. 그럼에도 불구하고 전업으로 서예에 일생을 바치고 있는 사람을 보면 대단하다는 생각이 듭니다.

서예는 오랜 숙련을 거쳐야 하므로 조급하지 않고 느긋하게 여유를 가지고 심취해야 하는 분야입니다. 그래서 누가 시켜서가 아니라 스스로 발을 들여놓는 사람이 오래 공부를 하는 편입니다. 그만큼 평소에 관심을 가지고 배워보겠다는 의지가 필요로 합니다.

TV를 오래 보거나 독서를 하겠다고 의자에 앉아 한 시간만 지나도 허리가 아프고 눈에 피로감을 느끼게 됩니다. 그러나 서예는 붓으로 큰 글씨를 쓰기에 눈이 따갑거나 침침해지는 일이 없습니다. 탁상 위에 화선지를 펴고 선 자세로 글씨를 쓰다 보니 2~3시간 정도는 거뜬히 배겨낼 수가 있습니다. 그래서 나는 노년기의 취미생활로 서예공부를 택한 것을 '참 잘했다'는 생각을 하고 있습니다.

<2018. 6.>

돈벼락

살다 보면 우연히 돈이 쏟아지는 복을 만나는 사람이 있습니다. 내가 아는 어떤 분은 어느 회사 부근에 조그마한 주택을 구입했습니다. 회사에서 나오는 소음과 먼지로 불편을 감수하며 살고 있었습니다. 몇 년이 지나자 그 회사가 번창하여 주변의 주택을 사들이게 되었습니다. 그는 시가보다 서너 배를 더 받고 팔았습니다. 그 돈으로 넓은 신축 아파트로 이사를 했습니다. 그러고 몇 년이 지나니 가격이 억대로 껑충 뛰어 입을 귀에 걸고 다니고 있습니다.

또, 어느 한 분은 변두리에 사둔 땅이 개발되어 땅값이 다락같이 올랐습니다. 그 땅의 반을 분할하여 팔아서 나머지 땅에다 빌딩을 지어 사무실, 병원, 약방으로 세를 놓았습니다. 임대료 만으로도 돈복이 터졌습니다.

나는 셋방살이로 전전하다가 허름한 단독주택을 샀습니다. 돈이 부족하여 그 집에 전부터 세 든 사람의 전세금을 그대로 떠안고 샀습니다. 거기서 10년 넘어 살다 보니 집이 노후하여 매년 수리비가 장난이 아니어서 새집을 사기로 마음을 먹었습니다.

헌집을 팔아 아파트로 옮기자니 많은 돈을 더 보태어야 가능했습니다. 중개업소를 다니며 빚을 덜 지고 살 수 있는 것을 물색하던 중에 건축한 지 3년이 된 이층 주택을 계약하였습니다. 부족분은 이층을 전세를 놓아서 충당하고, 나머지는 집을 담보로 융자를 내었습니다. 정말 아끼고 아껴서 5년 후에 간신히 융자금을 갚게 되었습니다.

어렵게 새집을 마련했으나 세월이 지나니 단독주택은 가격이 점점 떨어지고 아파트는 매년 값이 올라 재산이 불어났습니다. 빚 부담을 줄이려고 주택을 택한 것이 결과적으로 재산형성에는 도움이 되지 않았습니다.

최근에는 우리 집 주변, 도로 건너편에 재개발사업이 추진되어 아파트를 짓고 있습니다. 그곳은 내가 이곳으로 옮기기 전에 살던 곳입니다. 거기에 살던 사람들은 땅값을 많이 챙겨 좋은 집으로 이사를 하였습니다. 내가 지금 살고 있는 지역은 어느 날 고도제한지구로 묶여 15층 이상의 건물은 지울 수 없게 되었습니다. 그러니 주택업자가 이윤이 적어 재개발에 참여를 기피하여 사업이 추진되지 않고 있습니다. 결과적으로 나는 돈을 피해 다닌 꼴이 되었습니다.

남의 횡재를 배 아파할 일은 아닐지라도 옆에서 지켜보는 나 같은 사람은 그들이 부러워집니다. 재복(財福)은 능력과 노력만으로 얻어지는 것이 아닌 듯합니다. 눈에 보이지 않는 우연한 행운이 따라야 하는 것 같습니다.

돈, 그건 '없으면 없는 대로 살지' 하지만, 없이 살다 보면 힘든 일이 너무 많습니다. '자신의 그릇에 맞게 살아야지 탐내고 욕심을 부릴 일이 아니다' 하지만 그렇게 공자님 말씀처럼 살아가기가 쉽지 않는 것이 현실입니다.

세상은 언제나 돈 때문에 시끄럽습니다. 고위 공직자가 부정한 일로 하차하는 경우를 무수히 보아 왔습니다. '황금을 보기를 돌같이 하라'고 임명장을 받는 날부터 귀에 딱지가 박히도록 들어온 말이지만 여전히 돈의 유혹을 벗어나기가 쉽지 않은가 봅니다.

'세상에는 비밀이 없고 꼬리가 길면 밟힌다'는 사실을 모르는 사람이 어디 있겠습니까. 그럼에도 뇌물, 횡령, 사기라고 하는 돈과 연유된 사건들이 날마다 뉴스를 장식하고 있습니다.

밝혀지는 내용은 주로 내부 고발에서 터지고 있습니다. 운전원이나 보좌관을 비롯한 자기의 주변 관리를 잘못 하는 데서 들어나고 있습니다. 평소에 비인간적이거나 낮은 대우에서 쌓인 불만들이 폭로로 이어지고 있습니다.

사람들 사이가 오래도록 좋은 관계를 유지하기가 쉽지 않습니다. 백번 잘해줘도 한 가지 서운하면 돌아서는 것이 인간의 속성인가 봅니다. 권력이 있는 사람과 친분을 쌓아 이권을 챙기려 하는 사람이 있습니다. 이들의 덫에 걸려 명예를 실추하는 사람들이 많습니다.

불행한 일에 휘말리지 않으려면 부정한 돈과는 일정한 거리를 둬야 합니다. 떳떳하지 못한 돈은 언젠가는 독이 되고 비수가 되어 돌아오는 일을 무수히 보아 왔습니다. 그런데도 어느 시대나 비리가 근절되지 않고 있습니다.

사람들마다 하고 싶은 일이 얼마나 많겠습니까. 그 욕망을 채우기 위해 필요한 것이 돈입니다. 돈 때문에 울고 돈 때문에 웃고 합니다. 돈뭉치에 깔려 죽는 일이 생기더라도 돈벼락을 맞고 싶은 꿈을 버리지 못하고 있습니다. 투기, 탈세, 갈취, 강도……, 이런 불법과 탈법을 저질러가면서도 '돈을 손에 넣고 보자'는 욕심이 우리의 내면 깊이 잠복해 있습니다.

사회의 윤리는 부끄럽지 않는 떳떳하고 당당한 돈을 요구하고 있습니다. 이를 청부淸富라고 합니다. 청부는 부정에 휩쓸리지 않으려는 결단과 자기관리에 냉철해야 가능합니다. 한 차원 더 높은 일이라면 주변에 어려운 사람들을 보살피고 돌아보는 나눔의 실천입니다. 그래서 어느 시대나 청렴과 보시는 만인으로부터 존경의 대상이 되고 있습니다.

우리들 서민들이야 보시를 하는 여유가 없어 못 하더라도 대부분 청렴하게 살아가고 있습니다. 그저 능력에 맞게 투자하여 몸이 뭉개지도록 열심히 노력하고 있습니다. 수입의 범위에서 지출하려는 일반적인 경제논리에 충실하고 있습니다. 그러다가 주변이 개발되어 횡재를 만날 뿐입니다. 이런 행운은 인위적으로 억지로 만들어지는 것이 아니고 어느 날 우연히 찾아 드는 것 같습니다.

가끔은 돈벼락이 확 쏟아졌으면 하는 상상에서 로토를 사봤지만 언제나 실망만 안겨 주었습니다. 그런 큰 복이야 아무에게나 주어질 리가 있겠습니까. 그렇지만 내가 살고 있는 곳에도 재개발 사업이나 추진되는 행운이 찾아 왔으면 정말 좋겠다는 생각을 버리지 못하고 있습니다.

<2017. 3.>

승진 소식

'잘살아 보자'며 새마을운동이 한창이던 때에 공직에 입문하였다. 그 후 5, 6공화국을 거쳐 문민정부니, 국민의 정부니 하며 격변하는 역사의 굴레에 떠밀려 왔다. 그때마다 경제성장, 민주화, 세계화, 지방화……. 국정 지표가 바뀌고 시대사조도 변해 갔다.

경제성장이 최고의 이념이던 개발시대, 공무원은 무한의 봉사자라며 휴일도 없이 출근하던 것이 다반사였다. 다들 휴일에 근무하는데 볼일이 있어도 눈치가 보여 상급자의 허락을 받아 내기가 어려워 입을 떼지 못하기도 했다. 상명하복의 엄한 규율 속에서 불만 한마디 토로하지 못하고 지냈다.

밤잠을 설쳐가며 만든 계획서를 내밀 때, '고생했다'는 상급자의 격려 한마디에 고달픔과 피로를 잊곤 하였다. 특히 자신이 입안立案한 사업들이 가시적인 성과로 나타날 때는 보람과 긍지를 느끼게 하였다.

열악하던 근무환경이 냉난방 기구가 들어오면서부터 많이 개선되기 시작했다. 수작업으로 하던 일이 컴퓨터의 보급이 늘어나 업무 처리가 능률적으로 이루어졌다. IMF 이후 직장마다 조기퇴직 바람이 불어닥쳤다. 이때부터 공직은 정년이 보장된 '철밥통'이라며 세간에 질투와 부러움의 대상이 되고 인기 직종으로 부상하게 되었다.

정권이 바뀔 때마다 공직사회는 변화와 혁신을 요구하는 분위기로 당혹하게 만들고 불안스럽게 하였다. 시류에 편승하기보다 주어진 직무에 최선을 다하면 된다는 일념으로 평소와 다름없이 일찍 사무실로 출근하였다.

어제 늦게까지 씨름하던 자료를 책상 위에 펼쳐 놓고 수정작업을 하고 있을 무렵이었다. 따르릉……, 전화벨이 울렸다. '이른 아침부터 뭔 일이냐'며 짜증스럽게 수화기를 들었다.

인사담당 과장으로부터 승진을 알리는 전화였다. 뜻밖이라, 당황스런 목소리로 '감사하다'는 짤막한 답례를 하고 전화를 끊었다. 하던 일을 덮어두고 휴게실로 나왔다. 아직 이른 시간이라 휴게실에는 아무도 없었다. 언제부턴가 끊어 보려고 애를 서도 끊지 못하던 담배를 꺼내어 불을 붙였다. 이상하리만치 혓바닥에선 진한 자극을 요구하고 있었다.

"분명 인사과장의 목소리였지……." 고개를 갸우뚱거리며 귀를 의심하기도 했다. 연거푸 두 개비를 피워댔다. 묘한 곡선을 그리고 있는 담배연기가 창틈을 빠져 나가고 있었다.

IMF는 행정도 경영과 같이 이익을 창출하고 효율성을 강조하였다. '구조조정이 최고의 해결책'이라는 분위기가 시대의 사조였다. 인건비 부담을 줄이기 위해 행정기구를 축소하여 정원을 줄였다. 신규채용도 중지하고 조기퇴직을 강요하였다.

이로 인해 선배들은 정년을 한두 해 앞당겨 공직을 떠났다. 젊은 사람에 뒤지지 않는 건강과 경륜을 지녔지만, "시대를 잘못 만난 탓이라"는 외에 어떤 위로의 말도 할 수 없었다. 선배들이 떠난 자리만큼 정원을 감축시켜 승진은 바늘구멍을 통과하듯 하였다. 이런 상황에서 승진 소식은 뜻밖이었다.

출근시간이 넘어서자, 전자 게시판에 승진소식을 알리는 '공지사항'란을 열람한 여러 부서의 동료들로부터 축하 전화가 걸려오기 시작했다. 연거푸 걸려오는 전화를 받으며 한동안 들뜬 분위기로 승진 초의 혼돈스럽고 분주하던 긴 시간이 흘러갔다.

전화가 뜸해질 무렵, 용케 버티어 온 지난날들이 뇌리를 스쳐 가기 시작했다. 참으로 빠듯한 생활이었다. 사업을 하거나 전문직에 종사하는 친구들은 월급쟁이의 속사정을 이해하지 못했다. 같은 길을 걸으면서도 부모에게 기본재산을 물려받던가, 맞벌이 부부들은 비교적 여유로움을 창출하고 있었다.

몸담은 허름한 집 하나를 마련하는 데 너무나 많은 에너지를 소모해 왔다. 교육비, 의료비, 경조사비들이 나의 활동 반경을 좁혀 놓고 말았다. 오늘의 승진소식은 지난날의 아픈 곳을 조금이나마 치유해주는 듯하였다.

긴 시간 전화를 받아왔지만, 이제는 누구엔가 전화를 걸어야겠다는 생각에 수화기를 잡았다. 어쨌거나 가장 먼저 떠오르는 얼굴이 아내였다. 그러나 지금 이 순간 아내에게 전화를 거는 일이 영 내키지 않아 잡았던 수화기를 제자리에 놓았다. 어제 저녁 자존심을 건드리던 입씨름이 떠올랐다.

"현숙이가 결혼한대요."

아내가 말을 걸어 왔다.

"현숙이가 누구지?"

언뜻 생각이 나지 않아 되물었다.

"왜, 있잖아요, 울산에 사는 언니의 막내딸……."

아주 신경질적인 말투였다.

"그 애가 벌써……, 그럼 부조를 해야지."

"얼마를 해야 되나요?"

"……."

"이제 필혼이고 어렵게 사는 언니를 봐서라도……."

"넉넉히 하시구려."

"답답하게, 말로만……."

눈을 흘기며 내뱉는 목소리는 평소의 불만과 겹쳐 있었다. 지난밤, 불과 몇 시간 전 일이었다. 지금 당장 전화를 걸어 "여보, 나 승진했소." 한다면, 아무래도 첫마디는 "월급이 얼마나 오른대요?"일 것 같았다.

명절 제사

설과 추석에 대한 우리나라의 최초기록은 신라 때부터이지만, 그 이전부터 전해온 명절이라고 한다. 수천 년의 세월이 지난 오늘날, 물질문명이 엄청나게 변화된 세상에도 설과 추석은 민족의 큰 명절로 이어지고 있다.

귀향인파로 교통대란을 겪으며 길바닥에서 많은 시간과 연료를 소모하고 있다. 이로 인한 환경오염을 유발하는 사회적 낭비를 따지려 하지 않는다. 유별나게 불편함을 잠시도 참지 못하는 민족임에도 짜증을 감내하는 걸 보면 우리들에게 명절과 고향이 뭔지를 다시 한번 생각하게 한다.

고향에는 부모님이 살았던 옛집이 있고 조상들의 묘소가 있다. 내가 태어나고 자란 곳이기도 하다. 거기에는 옛날에 쓰던 다듬잇돌, 홍두깨 같은 가재도구들과 쟁기, 괭이 등의 농기구들이 있다. 부엌에는 장작불을 지펴 음식을 하고 난방을 하던 옛 자취들이 여전히 남아있어 추억과 그리움을 자아내는 곳이기도 하다.

인간에게는 회귀본능이란 것이 있다. 편리하고 손쉬운 것으로 몸에 익혀 살다가도 옛것을 보면 그 시절이 그립고 아련해진다. 그렇다고 그런 향수만으로 명절에 고향으로의 대이동이 이루어지는 것만은 아닌 것 같다. 무엇보다도 부모님을 뵙는 자식의 도리와 조상에 제사를 올리는 후손으로서 의무감 때문이다.

나 역시 몇 년 전만 해도 명절에는 어김없이 고향을 찾았다. 그러나 부모님이 돌아가신 이듬해부터는 귀향이란 것이 없어졌다. 고향의 시골집이 아니라, 내가 살고 있는 대구에서 제사를 올리고 있기 때문이다. 그렇다고 식솔 모두가 교통대란에서 벗어난 것이 아니다. 서울 등지에 살고 있는 자식들과 조카들은 여전히 내가 겪었던 고충을 그대로 답습하고 있다.

대구에는 나의 5촌 이내 친척들이 여덟 가구가 살고 있다. 여덟 가구가 집집마다 손주들을 보았으니 가지가 많이 벌어졌다. 제관이 많아 명절에는 지손支孫 집에서 각자 제사를 지낸 후에,

종가인 우리 집에 모여서 제사를 지내고 있다. 이번 추석에도 종숙부님과 종제 식구들은 각자 자기 집 제사를 모시고 종가인 우리 집에 30여 명이 모여서 증조부님 이하 제사를 지냈다. 제례를 끝내고 음복을 하던 중 "이제 우리도 제사를 모시는 방법을 개선하자."는 의견이 나왔다.

"설과 추석 명절에 종가에 모여 제사를 지내는 것을 없애고 기제사도 각자 형제끼리만 모여서 지내자."는 제안이다. 모이는 번거로움과 많은 제관들을 수발해야 하는 고충을 없애자는 것이다. 결과는 간소화하여 편한 것을 추구하자는 것이다.

이제까지 제사라는 의식을 매개로 친척 간에 얼굴을 마주하고 우애를 다지며 단합을 이루는 계기를 만들어 왔다. 그러고 보면 명절과 조상숭배의 의식을 구시대의 유물로 버려야 할 것만은 아닌 것 같은데 지키려니 번거롭고 힘이 들게 되는 것이 사실이다.

몇 년 전부터 늘어놓는 아내의 걱정을 떠올린다. "이제 나도 나이가 적지 않으니 힘에 부치고, 이 일을 그대로 넘겨주자니 며느리가 감당할 수 있을까?"라는 것이다.

나도 아내의 뜻에 따라 이에 대한 해결책을 강구해야 되겠다는 생각을 하고 있었다. 그러던 차에 종손의 자리를 물려받아야 할 나의 맏이 녀석이 직장 따라 식구들을 데리고 미국으로 떠나게 되었다. 일이 이렇게 되고 보니 제사에 대한 의례를 개선해야겠다는 생각이 더 확고해졌다.

이런 형편을 고려한 것인지, 먼저 지손들의 입에서 "제사 모시는 방법을 개선하자."는 의견이 나왔으니 환영할 일인데도 선뜻 의결에 부치지 못했다. 다가오는 설날에 모여서 논의하기로 미루어 두었다.

집집마다 며느리와 사위, 새로운 식구가 늘어나 가지가 벌어지듯 촌수가 멀어지고 있다. 가지는 또 다른 가지를 만들고 가지마다의 다른 영역을 구축해갈 것이다. 그러다 보면 가지와 줄기는 점점 멀어지게 된다.

지금까지 떨어져 살면서도 제사를 통해 서로 얼굴을 마주하며 집안 대소사를 논의해 왔다. 제사를 각자 형제간끼리 시시만큼 지낸다면 촌수가 멀어진 친척들은 얼굴을 마주할 날이 없어지고 만다. 이제 우리도 남남이 되어가는 그런 절차를 밟아가고 있으니 어쩐지 마음은 개운치 않다.

<2016. 10.>

더 넓은 땅을 향해

아내가 눈물을 찔끔 흘렸다. 나도 한동안 멍해 있었다. 뜬금없이 아들 내외가 미국행을 발표했다. 전부터 귀띔을 주거나 그런 눈치를 전혀 보인 일이 없었다. 그저 생뚱맞은 표정으로 아들의 얘기를 들었다.

아들 내외는 몇 년 전부터 차근차근 준비를 해 온 모양이었다. 벌써 새로 근무할 직장과도 교섭이 끝났고, 우선 거처할 수 있는 집도 구해 놓았다고 했다. 출국 수속만 남은 상태였다.

아들이 먼저 진출한 뒤, 며느리는 일 년 후에 한국에 있는 살림살이를 정리해서 애들과 같이 미국으로 간다고 했다. 미국은 8월에 학기가 시작되는지라, 내년 7월에 출국할 계획이라고 하였다.

아내는 한국에서도 충분히 잘 살 수 있는 여건인데 뭣하러 생고생하게 미국까지 가느냐며 원망스러워했다. 나는 한 살이라도 더 젊을 때 모험을 걸겠다는 아들 녀석의 결단에 응원을 해 주었다.

아들은 출국하기 전에 틈을 내어 고향에 다녀오자고 제안하였다. 조상님의 산소에 가서 물 건너 먼 타국으로 떠남을 고하기 위해서였다. 아들과 손자 그리고 아내와 나, 삼대가 함께 떠났다. 묘전에서 내가 읽는 축문을 손자 녀석은 어찌나 흉내를 잘 내는지 한바탕 웃음바다를 만들었다. 어린 손자가 '세월이 흐른 뒤에 이 일을 기억이나 할까' 싶어 사진으로 담아 두기도 했다.

아들은 가까운 친척들과 간단한 식사의 자리를 마련하여 인사를 나누고 이튿날 출국 길에 올랐다. 그런 다음 날, 기다렸던 아들 녀석의 전화가 왔다. 무사히 도착했다는 연락이었다. 영상통화라 거리적 감각이 무너졌다. 세월이 좋아 떨어져 있어도 얼굴을 마주하듯 안부를 전할 수 있어서 시름이 놓였다.

그로부터 일 년이 지난 후, 며느리가 바빠졌다. 애들 전학, 집, 자동차, 금융 관계정리를 위해 이곳저곳을 다녀야 했다. 그뿐 아니라 해묵은 살림살이를 정리하는 일이었다. 전자제품, 가구, 그릇, 책, 옷가지 등 가져갈 것과 버릴 것, 다른 사람에게 나누어줄 것을 분류하고 처리하여야 했다.

애들을 곁에 두고 이 일을 할 수가 없어서 손주들을 한 달 전부터 학교에 결석을 시키고 우리 집에 데려와 있었다. 그동안 함께 생활하면서 어린이회관, 공룡공원, 놀이동산을 다니며 조금이라도 더 많은 추억을 만들어 주려고 애를 썼으나 날씨가 너무 더워 여의치 않았다.

드디어 다가온 출국 날, 동대구역에서 KTX를 타고 인천공항으로 가는 것으로 예약이 되어 있었다. 나는 동대구역까지 짐을 실어주었다. 아내의 눈에는 눈물부터 그렁그렁하였다. 나는 "오늘의 선택이 훗날에 참 잘했다"는 결과를 얻도록 마음속으로 성공을 빌었다. 동대구역에서 헤어질 무렵, 며느리가 손주들과 함께한 사진을 찍어주었다. 나는 순간순간 휴대폰을 뒤져 그 사진을 들여다보곤 하였다.

어느 날 며느리로부터 연락이 왔다. 애들이 학교에 다니기 전에 미국 사회에 적응시키기 위해서 이곳저곳을 데리고 다닌다고 했다. 캘리포니아 산호세의 여름은 햇살이 너무 강하여 선글라스는 필수품이라 했다. 외출 때마다 선크림을 바르고 모자를 쓰게 하고 있지만 애들의 얼굴은 까무잡잡하게 타들어 가고 있다고 했다.

한동안 잊고 있다가 소식을 듣고 나니 걱정이 앞섰다. 강한 햇살에 시력이 나빠지지 않을까. 말이 통하지 않아 학교를 어떻게 다닐까. 의사소통이 되려면 얼마나 걸릴까. 그 벽을 넘어서기까지 많은 힘이 들것이다. 철없는 애들이라 낯선 풍경에 신기해하면서 마냥 웃고 날뛰고 있다지만 생각하니 애처롭게 느껴졌다.

8월이 되어 한국 나이로 10살인 손녀는 초등학교 4학년에, 7살인 손자는 유치원에 입학하였다는 연락이 왔다. 학반 어린이들과 찍은 사진도 보내왔다. 동양인이 드문드문 보이고 있어 인종차별은 덜 받을 것 같아 조금은 안심이 되는 듯했다.

한국에서 화물선으로 보낸 이삿짐이 한 달 만에 도착했단다. 짐을 정리하기도 전에 제일 먼저 된장 꾸러미를 풀어서 저녁밥상에 찌개를 끓여 놓았단다. 식구들 모두 된장 맛에 흠뻑 빠져 행복해하였다는 소식에 웃음이 절로 나왔다.

앞으로 한국에서 보고 느끼며 익숙해져 있던 것에서 점점 멀어지겠지. 그러다 세월이 지나면 그리움으로 변할 테지. 불과 한 달 남짓 맛을 못 본, 된장찌개 맛이 그토록 새롭게 느껴지는 것처럼……

마음만 먹으면 오고 가던 길, 이제는 벼르고 벼르면서 날아다녀야 한다. 손주들의 얼굴이 떠오를 때면 눈시울이 촉촉하게 젖어들겠지. 멀리 보이는 불빛이 아련하듯이 멀어서 더 그리워지겠지. 또 코끝이 아려 온다.

언제쯤 귀와 입이 열릴까. 학교 수업을 어떻게 이해하고, 현지 아이들에 뒤지면 어쩌나, 낯선 곳에서 뿌리를 내리기까지는 얼마나 고충이 많을까, 세월이 지나서 한국말이 서툴면 할애비와 의사소통이 가능할까…… 많은 부질없는 생각을 불러 모으게 한다.

다른 환경에서 뿌리박고 살아도 한국인의 정서를 고스란히 간직해 주었으면 한다. 아들과 며느리야 미국시민이 되어도 한국인으로 살아가겠지만, 손주들이 그걸 지킬 수 있을까. 한국인으로 태어났지만 미국인으로 살아갈 것이 분명한 듯하다.

나는 대구의 한여름 더위를 무릅쓰고 문화센터에서 배운 사군자 그림을 그렸다. 그리고 김동환 선생의 "산 너머 남촌에는"이란 시를 흘림체의 붓글씨로 썼다. 서툰 솜씨지만 이들을 표구하여 족자로 만들어 주었다. 어디에서 살아도 한국의 혼을 간직하라는 의미에서였다.

더 큰 꿈을 펼치기 위해 산 설고 물선, 더 넓은 땅으로 나아갔다. 그곳에서는 그들의 풍속을 따를 수밖에 없는 일이다. 그러나 가정에 서는 한국의 정서와 정체성이 가득한 환경 속에 생활하고 성장해주었으면 하는 바람이다. <2017. 10.>

5.

십이월십팔공

청송은 한자의 의미대로 푸른 소나무다. 소나무를 솔이라고도 한다. 솔은 위上라는 뜻이며 높고高 으뜸元이라는 의미를 담고 있어 우두머리라는 뜻이기도 하다.

소나무를 한자로 '松'이라 하게 된 연유는, 옛날 진시황이 길을 가다가 소나기를 만나 소나무 밑에서 비를 피하여 의상이 젖지 않았다. 이를 고맙게 여기고 그 자리에서 목공木公이라 하는 공작의 벼슬을 내렸다. 그 후 두 글자를 합하여 '松'으로 표기하게 되었고 나무 중에 으뜸으로 대접을 받았다.

소나무가 백목지장百木之長 또는 백수지왕百樹之王으로 일컬어지는 것은 진시황에게 단순히 비를 피하게 해준 것만은 아니다.

소나무가 지닌 자태와 품성, 소나무가 인간에게 주는 유용성에서 으뜸으로 손색이 없기 때문일 것이다.

소나무는 눈보라치는 역경 속에서도 변함없이 늘 푸른 모습을 간직하고 있다. 그래서 선비의 지조와 충절을 뜻하고 부녀자의 깨끗한 정절의 표상이기도 하다. 이는 조선 시대의 기본 이념이던 유교사상과도 맞아 민족의 사랑을 받아온 것 같다. 우리나라 애국가에도 "남산 위에 저 소나무 철갑을 두르듯 바람 소리 불변함은 우리 기상일세"와 같이 민족의 강인한 지조와 씩씩한 기상을 소나무에다 비유하여 노래하고 있다.

소나무는 깨끗하고 오래 사는 신성한 나무로서 신들이 땅으로 내려올 때는 높이 솟은 소나무 줄기를 택한다고 믿었다. 땅과 하늘을 이어주는 소통의 수단이 된다고 생각하여 제사를 지낼 때 강신降神을 위해 소나무를 꽂은 모사에 술을 붓고 있다. 마을을 수호하는 동신목洞神木 중에는 소나무가 많다. 사람들은 천년을 사는 소나무를 동경하게 되었고 영성靈性과 신성神性을 부여한 소나무에 치성을 드리고 평안을 얻고자 하였다.

소나무 잎은 두 개가 붙어 있어 부부애의 상징으로 여겼다. 그 잎이 늙어서 떨어질 때도 서로 헤어지지 않고 하나가 되어 최후를 마감하여 완전한 백년해로의 모습을 보이고 있다. 그래서 소나무를 음양수陰陽樹라 하고 부부는 "솔잎처럼 살아야 한다"는 말이 생겨나게 되었다. 우리의 전통 혼례에 대나무와 함께 소나무를 병에 꽂아 장식하는 것은 절개를 지키라는 뜻이 있지만 부부의 백년해로를 기원하는 의미도 담겨 있다.

이러한 소나무는 우리나라 전역에 분포되어 우리 민족의 생활 속에 깊숙이 뿌리박고 있다. 아기가 태어나면 금줄을 치고 솔가지를 매달아 나쁜 잡귀를 막았다. 소나무로 집을 짓고 아궁이에다 소나무 장작으로 불을 피워 밥을 지었다. 죽어서도 소나무 관에 들어가 땅에 묻히고 무덤 주변에도 소나무를 심었다. 이렇게 태어나서부터 죽어서까지 소나무의 신세를 져왔다.

수많은 전란과 흉년을 겪으면서 소나무의 껍질을 벗겨 송기죽으로 목숨을 연명해왔다. 송홧가루로 다식을 만들고 솔방울로 송실주松實酒를 만들었다. 송이버섯은 그 향기가 일품이고 고급의 식품으로 밥상에 오르고 있다. 솔잎을 생식하면 몸이 가벼워지고 솔잎 차, 솔잎 베개는 신경쇠약에 효험이 있다. 한증막에 솔잎을 깔고 땀을 흘려 신경통과 풍증을 치료하며 송화가루는 기운을 돋게 하며 피를 멎게 한다. 송진은 염증을 없애는 데 쓰고 있다.

뿌리에는 복령茯苓이란 것이 있다. 복령은 나무를 벤 지 2~3년이 지난 뒤에 뿌리를 헤쳐 캐면 고구마처럼 둥글게 맺혀있다. 이것을 잘게 설어 말리어서 강장, 진정, 이뇨작용을 치료하는 한약재로 쓰이고 있으니 하나도 버릴 것이 없다.

옛 선비들은 소나무를 소재로 한, 시와 그림을 많이 남겼다. 그만큼 소나무가 빚어내는 아름다운 정경을 즐겼고 굳센 절개를 본받고자 했다. 특히 기암절벽에 구름과 안개를 감고 고고히 서 있는 풍경, 만학천봉에 흰 눈을 머리에 이고 있는 꿋꿋한 모습, 고요한 밤에 소나무 끝에 걸린 맑고 밝은 달, 고송의 가지에 내려앉은 백학은 신비롭다 못해 경건하게 한다.

꿈에 소나무를 보면 벼슬을 할 징조이고, 소나무가 무성하면 마을이 번성하고, 소나무 그림을 액자에 넣어 방에다 걸면 만사형통한다고 풀이하고 있어 길조吉兆의 상징이었다. 그래서 우리나라의 지명 가운데 '松' 자가 들어있는 곳이 무려 680여 곳이나 되고, 아호를 지을 때도 '松' 자를 넣어 작명하는 이가 많다고 한다.

예부터 청송을 파자破字하여 이르기를 십이월십팔공十二月十八公이라 했다. '月'은 여성을 뜻하여 12명의 왕비가 태어날 것이고, '公'은 남자를 뜻하여 18명의 재상이 태어나는 산자수명한 길지가 청송이라 했다. 실제 청송에는 출중한 인물들이 많이 배출되고 있다. 그중에는 청송에서 잉태하여 청송에서 출생한 사람보다, 청송에서 잉태한 후 타지에서 출생하여 통계에 잡히지 않는 인물이 훨씬 더 많다니 예사롭지 않는 곳이다.

청송은 심산유곡과 맑은 물, 짙은 소나무 향기 속에서 뙤약별과 무더위를 식히는 산들바람, 산간지대의 일교차가 맵싸한 고추와 꿀맛의 사과를 빚어내고 있다. 고추는 오래전부터 청송지방에서 재배되어 왔으며 그 명성이 높다. 이곳에 몸매가 잘생긴 사과가 시집을 와서 인기를 누리고 있다. 이들은 찰떡궁합이라 십이월십팔공은 저절로 이루어질 것이란다. 아무튼 젊은 부부들이 똑똑한 2세를 잉태하기 위해 청송을 찾는다는 얘기가 회자되고 있는 신령스런 복지福地다.

청송은 상上, 고高, 원元이라는 뜻을 담고 있다. 늘 푸른 기상은 충절과 정절의 표상이며, 우리 인간에게 온갖 유용한 은혜를 베풀고 있다. 이처럼 청송고을은 뜻 깊고 고결한 이름을 지닌 성스러운 곳이다. 너도 나도 신성神聖한 정기精氣를 받으러 축복의 땅, 청송으로 가자.

<청송문학 제19호, 2011.>

❖ 참고문헌

· 권영한, 재미있는 나무 이야기, 전원문화사, 1992
· 이상희, 꽃으로 본 한국문화, 넥서스, 1998
· 이유미, 우리가 알아야 할 우리 나무 백 가지, 현암사, 1995

비탈밭

고등학교에 다니던 때, 학생으로부터 인기를 누리던 김 선생님이 있었다. 선생님은 수업 시간에 주요 부문에 맥을 짚어 요점정리를 잘해주셨고, 적절한 예를 들어 이해하기 쉽게 강의를 하셨다. 오후 시간에 졸음이 올 때쯤이면 농담이나 재미나는 얘기들을 섞어 수강자세가 흐트러지지 않게 하였다. 학생들은 김 선생님의 강의는 이상한 마력을 가진 것 같다며 그 시간을 기다리곤 하였다.

마침 김 선생님의 강의 시간이었다. 선생님께서 교실에 들어서는 순간 반 친구들은 박수를 치며 반겼다. 학생들의 출석 확인을 끝내자마자, 선생님은 "이 반에 청송이 고향인 사람 있어요?" 하며 물으셨다.

유일하게 청송이 고향인 나는 '무엇 때문에 저러실까?' 하는 의아스런 눈빛으로 선생님을 바라보고 있었다.

그때 옆자리에 K군이 "선생님!, 얘가 고향이 청송입니다." 하고 손가락으로 내 팔뚝을 쿡 찔렀다.

"야, 너 굉장한 촌놈이구먼!"

선생님은 나를 향해 한마디 툭 던졌다.

갑작스런 공격(?)에 나는 말문을 닫고 있었고 선생님의 얘기는 이어졌다.

"지난 일요일에 선생님은 청송 주왕산을 다녀왔어요. 정말 한 폭의 동양화를 그려 놓은 것 같은 대단한 절경이었어요. 신선이 노닐던 곳이라 골짜기마다 숱한 전설과 기암괴석이 널려 있는 신비로운 곳이지요. 여러분도 시간을 내어 한번 다녀오세요.

그런데 말이야, 청송으로 가는 길이 너무 험했어요. 울퉁불퉁한 자갈길이라 버스가 어찌나 출렁대는지 십 년 묵은 체증이 확 내려가는 것 같아서요. 뿌연 흙먼지가 온통 버스 안으로 들어와 숨도 제대로 쉬기 어려웠어요. 대구에서 130km 정도의 거리인데 6시간이나 걸렸어요. 서울 가는 것보다 더 걸렸으니 지겹고 고생이 참 많았어요.

영천 화북면 상송리에서 청송으로 넘어가는 노귀재는 뱀이 따뱅이를 치듯이 휘 휘감아 올라갔어요. 오르는 도중에 내려오는 버스를 만났어요. 도로 폭이 워낙 좁아 그 자리에서는 도저히 비킬 수가 없었어요. 내가 탄 버스가 넓은 곳을 찾아 10m 정도를 후진하여 간신히 비켜나게 되었어요.

나는 차창 쪽에 자리하여 창밖을 내다보았는데, 버스 뒷바퀴가 한 뼘 정도만 뒤로 나갔어도 수십m나 되는 낭떠러지에 굴러 떨어졌을 거야. 마치 지옥에라도 가는 줄 알았어요. 생각만 해도 아찔한 순간이었어요"

이것이 선생님이 반 친구들에게 들려준 청송기행 소감이었다. 그때가 1960년대 후반이라 우리나라의 도로 포장률이 매우 낮던 시절이었다. 교통량이 많던 몇몇 국도를 제외하고는 전국의 대부분 도로가 비포장이었다.

노면이 파이는 것을 방지하기 위해 도로에 자갈을 깔았다. 그러니 버스가 덜컹대고 흔들려 속력을 낼 수가 없었다. 길바닥에 흙을 일구어 뿌연 먼지를 흩날렸다. 이런 현상은 그 당시 시골길에서 흔히 볼 수 있던 풍경이었다.

버스의 성능도 요즘 같지 않아 고장이 잦았다. 그래서 시골길을 운행하던 버스에는 운전수와 차장 외에 조수라고 부르던 정비사까지 3명이 한 팀을 이루었다.

자가용을 가진다는 것은 일부 부유층 외에는 꿈도 꾸지 못하고 모두가 대중교통을 이용하였다. 대구~청송 간 운행하는 버스가 하루에 7~8대 뿐이었다. 방학이나 명절 때는 버스마다 통로에도 발 디딜 틈 없이 만원이었다.

냉방시설이 된 버스가 없었으니, 한여름 버스 속은 찜통 같아서 창문을 열어야 했다. 비포장도로의 흙먼지가 차 안으로 들어와 온통 뿌옇게 덮었다. 직행버스가 생긴 것도 한참 후의 일이었다. 완행버스는 정유소가 아닌 도로 어느 곳에서도 차를 세워 손님을 태우고 내렸다.

사정이 이러니 대구에서 청송까지 통상 6시간이 걸렸다. 가다가 펑크라도 나는 날이면 7시간도 족했다. 지금 생각하면 불편함과 짜증스러움이 말이 아니었다. 그래도 그 시절 버스를 타고 어디를 간다 하면 마냥 설레고 즐거워했다.

"학생 여러분 잘 들어 둬요. 지금부터가 중요해요. 앞으로 여러분은 청송 처녀와 결혼하는 것은 신중히 하세요."

맨 뒤에 자리한 P군이 일어서더니

"선생님! 제 여자친구가 청송 사람인데 우째야 됩니꺼?"

"와……와……"

반 친구들의 웃음소리는 교실에 가득했고 선생님의 얘기는 이어졌다.

“청송은 산이 많은 곳이라 대부분 비탈밭이어요. 청송 처녀들은 맨날 비탈밭에 쪼그리고 앉아 김을 매다 보니 한쪽 다리가 짧대요”

“그러면 엉덩이도 삐딱하겠네요?”

싱겁기로 소문난 C군이 한마디 거들었다.

“그래!, 바로 그거야……”

반 친구들은 모두 나에게 시선을 집중한 채 깔깔 웃어댔다. 나는 자리에서 벌떡 일어나 변명이라도 하듯 큰소리로 외쳤다.

“청송에는 밭고랑이 모두 짝수로 되어 있어서 김을 매러 나갈 때는 왼쪽 다리가 짧아지고, 되돌아 올 때는 오른쪽 다리가 짧아지니, 결국은 양쪽 다리의 길이가 같아지게 될 테니, 바보처럼 그런 것은 걱정할 필요가 없어요.”

“그러면 여자친구 집에 가서 밭고랑부터 세어 봐야겠네.”

한 친구가 또 말을 받았다.

“와……와……”

교실은 또 한바탕 웃음바다가 되었다. 그들의 웃음이 비웃는 소리로 들려 왔다. 나는 얼굴이 벌겋게 달아올랐다. 그로부터 선생님 덕분에 나는 ‘촌놈’에다 ‘비탈밭’이라는 별명이 붙어 졸업 때까지 따라다녔다.

그 후, 영천~청송간 도로가 1987년도에 포장이 완료되었다. 심하게 휘어진 곳은 곧게 바루고, 노폭도 8~9m에서 12m로 확장되었다. 2차선 도로이지만 고향 가는 길이 옛날에 비하면 참 많이도 좋아졌다. 1990년을 전후하여 마이카 시대로 접어들어 너도 나도 앞 다투어 자가용을 가지게 되었다. 황금기를 누리던 운수업이 내리막을 만나게 되었다.

가을이 깊어 가는 어느 날, 나는 승용차로 노귀재 오르막길을 올랐다. 산봉우리마다 곱게 물든 단풍이 가을 햇살과 어우러져 아름다움을 더했다. 시원스런 바람이 아스팔트 위를 미끄러지듯 지나가고 있었다.

문득 고등학교 시절의 수업 시간이 떠올라 그만 피식 웃고 말았다. 옆자리에 앉은 아내는 무엇 때문에 혼자 그렇게 웃느냐고 다그쳤다. 나는 그때 그 '비탈밭' 얘기를 들려주었다. 아랫배를 잡고 껄껄대는 아내의 웃음소리가 끝나고 자동차는 노귀재를 지나 고향 땅 깊숙이 달리고 있었다.

산기슭 '비탈밭'에는 고추가 발갛게 자태를 뽐내었다. 사과도 가을볕에 수줍은 듯 새악시 볼처럼 붉게 물들고 있었다. 구름 한 점 없는 파란 하늘, 때 묻지 않는 공기, 수정처럼 맑은 물, 그림 같은 산……. 누가 뭐래도 청송은 아름답고 자랑스러운 곳이다. 언제나 찾아와도 어머니 품속같이 포근하고 정겹게 맞아주는 고향이다.

<1997. 10.>

* 2003년에 착공한 노귀재 터널 공사가 10년이 지나 2013년에 개통되었다. 예산 타령으로 하는 둥 마는 둥 감질나게 하여 “두더지도 10년이면 뚫겠다.”며 비난도 많았지만 오래 시드니 끝이 보였다. 숱한 사연이 서린 꼬부랑 잿길을 오르지 않아도 쉽게 고향에 갈 수 있게 되었다.

지워진 그림자

산골 마을, 이곳 사람들은 수려한 산세를 닮아 착한 심성으로 자연에 순응하면서 예절을 숭상하고 살았다. 설 명절이면 마을 어른들을 찾아뵙고 공경하는 마음으로 정중히 세배를 올리곤 하였다. 음력 정월 초순부터 이월 보름까지는 농한기였다.

마을 사람들은 농한기가 되면, 멍석을 펴고 윷놀이로 시끌벅적하게 화합의 마당이 열렸다. 지신밟기도 하였다. 지신밟기는 농악대가 집집마다 돌아다니며 징, 북, 소고를 두드리며 흥겹게 춤을 추는 행사였다. 조왕풀이, 마당풀이라 하여 지신地神을 잠재워 마을의 무사태평을 기원하는 풍속이었다. 이런 풍속들은 산업화로 인해 농촌의 인구가 도시로 떠나면서 점차 사라져

갔다.

이곳 산골 마을에는 천석꾼 아들인 '강동어른'이 생존하고 있었다. 입구口 자 형 고택은 옛 영화를 대변해 주고 있었다. 그 많던 식솔들이 떠나고, 아흔을 바라보는 노부부가 집을 지키고 있었다. 적적함이 감도는 강동 댁에도 정초에는 고향을 떠난 후손들이 문안차 드문드문 다녀갔다.

어느 날 강동 댁에는 별난 손님이 찾아 왔다. 강원도에 살고 있다는 젊은이였다. 아버지의 이름이 '방우'이고, 그는 지난 연말에 세상을 떠났다고 했다. 그가 숨을 거두면서 "내가 살던 경상도 고향 마을에 가면 택호가 '강동'이란 어른이 계실 것이다. 그 어른을 찾아뵙고 베풀어 주신 은혜에 감사한다는 아버지의 뜻을 전해라."는 말씀을 남기셨기에 먼 길을 찾아왔다고 했다.

강동 어른은 젊은이의 얘기에 지그시 눈을 감았다. '그자는 나보다 일여덟 정도 나이가 많았지. 남에게 많은 원한을 쌓고 이곳을 떠났지. 그가 임종을 앞두고, 왜 나를 찾아보라는 유언을 했을까.' 한참, 옛일을 기억해내다가 감았던 눈을 뜨고 젊은이를 눈여겨봤다. 광대뼈가 튀어나오고, 두터운 입술이 아비의 모습을 닮고 있었다.

방우는 강동 어른의 아버지인 '참봉 댁'에 머슴살이를 하였다. 몸을 아끼지 않고 부지런하여 참봉영감은 방우를 유별나게 좋아했다. 나이가 어린 강동어른에게 도련님이라 부르면서 잘 따라주었다. 그런 인연으로 참봉영감은 방우를 자립하여 살아갈 수 있도록 토지를 분배해 주고 동구洞口에다 집을 지어 주는 온정을 내렸다. 부지런하고 성실하던 방우는 자기 소유의 집과 토지를 갖고부터 행동이 달랐다. 빈둥거리며 농사도 등한시하였다.

일본의 침략으로 일제 강점기가 시작되었다. 방우는 왜놈들과 어울려 다니더니 연락책連絡責이란 감투를 얻어냈다. 붉은색 완장을 차고 다녔다. 산골마을 사람들에게는 처음 보는 귀한 자전거를 타고 이곳저곳을 누비면서 으스댔다.

그는 대단한 행세를 부렸다. 머슴살이 시절에 업신여김을 당했거나 조금이라도 서운하게 했던 사람에게 앙갚음을 시작했다. 심지어는 없는 죄를 꾸미거나 부풀려서 일본 순사(巡査)에 일러바쳤다. 인근 마을 사람치고 방우의 고자질로 경찰에 불려 다니며 조사를 받거나 고문을 당하지 않는 사람이 없었다. 평화롭던 시골이 온통 벌집을 쑤셔놓듯 하였다.

이를 보다 못한 참봉 영감은 방우를 불러 "왜놈의 앞잡이 노릇을 그만 두어라"고 호되게 꾸지람을 하였다. 그는 옛날의 주인과 머슴의 관계가 아니라면서 꼬박꼬박 대꾸를 하며 대들었다.

그는 참봉영감을 경찰의 조사를 받고 고문을 당하게 하였다. 많은 물자를 공출供出로 바치도록 모의謀義를 꾸며 재물을 빼앗는데 앞장섰다. 그놈의 배은망덕에 분노한 참봉영감은 병을 얻어 일찍 세상을 떠나고 말았다.

개구리 올챙이 시절을 잊은 듯, 날이 갈수록 망나니짓이 심했다. 일본 경찰이 시키는 이상으로 한술 더 떠서 주민을 괴롭혔다. 모두가 눈살을 찌푸리고 미워했지만 악랄한 일본 순사를 등에 업은 방우의 기세를 아무도 꺾을 수 없었다.

결국 해방解放이 되자 기가 죽었다. 왜놈들은 서둘러 자기 나라로 빠져나갔다. 방우도 식솔을 데리고 어디론가 야반도주를 하고 말았다. 오랜 세월, 행방을 감췄다가 오늘에서야 그의 자식이 나타난 것이다.

'남의 눈에 눈물 내던 놈은 제 눈에 피를 흘린다 했지만, 그놈은 백수를 누렸구먼, 하늘도 무심하지……' 강동 어른은 입속으로 중얼거리며 이런저런 생각에 잠겼다.

'방우는 왜 자식을 시켜 나를 찾아보라 했을까. 돌아가신 아버님께 배은망덕한 죄를 회개한다는 뜻일까. 이놈은 제 아비가 일제의 앞잡이 짓을 했다는 것을 알기나 할까.'

강동 어른은 긴 생각 끝에 젊은이를 향해 입을 열었다. "자네는 속히 이곳을 떠나게. 더 이상 지체하다가는 봉변을 당할지도 모르네. 이곳을 고향이라고 다시는 발걸음도 하지 말게……" 꾸짖듯 돌아가기를 재촉하면서 그의 배신의 과거를 더 이상 상기하지 않으려 했다.

이제 이 마을에는 그를 기억할 사람은 모두 세상을 떠났다. 지금쯤 방우의 자식들은 어디에서 자랑스러운 항일집안으로 둔갑해 있을지도 모른다. 광복 70년의 세월은 그 많던 상처와 어둠의 그림자를 고스란히 지워버린 채 흘러버렸다.

<2015. 3.>

용기 있는 거절

조선 중종 때 청송부사青松府使로 정붕鄭鵬, 1469~1512이란 사람이 있었다. 그는 해주정씨이며 자는 운정雲程, 호는 신당新堂이고 선산에서 태어났다.

정붕은 1492년 문과에 급제하여 승문원부정자承文院副正字가 되었다. 정자正字·지평持平·정언正言을 거쳐 1504년(연산군10년) 교리校理로 있으면서 바른 소리를 하다가 갑자사화에 연루되어 영덕으로 유배되었다.

1506년 중종반정으로 귀양에서 풀려나 교리에 복직되었으나 병으로 사퇴하고 고향으로 돌아와 학문에 열중하고 있었다. 그 뒤 좌의정 성희안成希顔은 초야에 묻혀있는 정붕의 뛰어난 인품과 깊은 학문이 아깝다며 다시 천거하여 청송부사에 제수되었다. 그는 1509년 7월(중종 4년)에 부임하여 1512년(중종 7년) 9월까지 3년 2월을 재임하다가 재직 중에 사망하였다.

정붕은 좌의정 성희안과는 젊어서부터 친교가 두터웠으며, 김굉필金宏弼의 문하에 수학하였다. 천성이 차분하고 강직하며 성리학에 밝았다.

어느 날 정붕은 정승 성희안으로 부터 편지를 받았다. 내용인즉 "청송에는 잣과 꿀이 유명한 곳이니 그걸 좀 보내 달라."는 부탁이었다. 물건을 오기를 기다리던 성희안은 정붕의 답신을 받았다. 거기에는 이렇게 쓰여 있었다.

"백재고령산정상栢在高嶺山頂上 밀재민간봉통중蜜在民間蜂桶中 위태수자하이구지爲太守者何以求之"

<잣은 높은 산에 있고, 꿀은 백성들의 벌통 속에 있으니, 태수가 어떻게 구한단 말이오>

정말 용기 있는 거절이었다. 높은 자리에 있는 정승의 부탁, 그것도 자기가 실직해 있을 때 벼슬자리를 마련해준 은인이 아닌가. 큰 것도 아닌 잣과 꿀을 조금 보내 달라는 것을 깨끗하게 퇴짜를 놓았으니 말이다.

성 정승成政丞은 두고두고 이 일을 부끄러워하면서, 정 부사鄭府使가 나에게 큰 가르침을 주었다고 기회가 있을 때마다 칭찬을 했다고 한다. 여기서 성 정승의 인품도 읽을 수 있다. 그는 도량이 넓고 과단성이 있었다. 그래서 중종 8년에 최고의 자리인 영의정에까지 오른 인물이다.

정붕의 고매한 성격과 굽히지 않는 결연한 자세, 그는 청백리淸白吏로 선정되었다. 예부터 공직자의 표상은 청백이었다. 높은 벼슬에 오르는 것보다 청백리에 녹선되는 것을 본인에게는 영광이고, 후손들에게는 가장 큰 자랑으로 여겼다.

공직에 있는 자가 크든 작든 자리를 이용해서 부당한 이득을 챙기다가 징계를 받거나 감옥으로 가는 일이 여전히 끊이지 않고 일어나고 있다.

어느 시대나 권력 앞에 알랑거리며 비위를 맞추어 자리보전에 연연하려는 자가 우글대고 있다. 상관의 부당한 지시에 "아니 되옵니다"라고 단호히 거절하는 충직한 참모가 눈에 띄지 않는 세태다. 그래서 청송부사 정붕의 행적은 오늘날까지도 귀감이 되어 존경받는 인물로 높이 평가되고 있다.

<청송문화 제6호, 2017.>

❖ 참고문헌

유재환, 한국사 대사전, 한영출판사, 1978.

청송군, 청송군지, 신흥인쇄소, 1990.

청송부사 정붕 졸기, 중종실록16권

탑반송과 효렴부

조선 명종~선조(1520~1578)시대에 이후백李後白이란 사람이 있었다. 본관은 연안이며 경남 함양에서 태어났다. 9세가 되던 해에 괴질이 유행하여 부모를 한꺼번에 잃었다. 하루아침에 고아가 되어 16세까지 이웃 고을인 거창에 있는 백부의 집에서 자랐다. 그는 어릴 때부터 총명하여 먼 고을에 이르기까지 소문이 자자하였다.

이후백이란 이름은 개령현감을 지낸 조부 이원례가 지어 주었다. 자라서 '중국 당나라의 이백李白을 닮아 시문을 잘하라'는 소망을 담아 '이백 후에 태어난 이백'이란 뜻으로 지은 이름이었다.

당시 진주를 중심으로 영남 일원에 문객 30여 명이 금난계라는 문계文契가 결성되었다. 이 문객들은 정기적으로 진주 촉석루에 모여 시문을 지으며 교유하였다. 이원례는 금난계 계원의 한 사람으로 현감에서 물러나 시문을 즐기며 거창에서 살았다.

후백은 이러한 조부를 닮아 어려서부터 시 짓기와 글공부를 즐겨 하였다. 어른이 되어서도 시 짓기를 좋아하여 『청련집靑蓮集』이란 문집에 많은 시문을 남겼다. 호 청련靑蓮은 당나라 시선 이백의 호를 그대로 취한 것이다.

후백이 12세쯤에 절에 가서 글공부를 하고 있었다. 근처를 지나던 경상도 관찰사가 후백이 총명하다는 이야기를 듣고 한번 만나 시험해볼 생각으로 찾아왔다.

관찰사가 주위를 둘러보니 절의 탑 둘레에 작은 소나무가 심어져 있었다. 이것을 보고 시제를 '탑반송塔畔松'이라고 하자, 후백은 주저 없이 아래와 같이 시를 지었다.

一尺靑松塔畔栽 (일척청송탑반재)
塔高松短不相齊 (탑고송단불상제)
傍人莫怪靑松短 (방인막괴청송단)
他日松高塔反低 (타일송고탑반저)

작은 소나무 탑 둘레에 심으니
탑은 높고 솔은 낮아 가지런하지 않네
사람들아 소나무 낮다고 탓하지 말라
후일 소나무는 높고 탑이 도리어 낮을 것이다

관찰사는 이 시를 읽고 '역시 소문과 다를 바 없다'며 칭찬을 아끼지 않았다. 후세 사람들은 탑을 관찰사로 지칭하고 소나무는 후백을 지칭한 것이라 해석하고 있다. 지금은 탑이 높지만 소나무는 무럭무럭 자랄 것이다. 언젠가는 소나무가 높고 탑이 도리어 낮을 것이라는 어린 후백의 패기와 야망에 찬 시였다.

이 시에서 보여주듯 비록 어려서 부모를 잃은 불우한 환경에도 좌절하지 않고 늠름한 기상을 간직하고 자랐다. 후백은 36세에 문과에 급제하여 승정원 주서로 벼슬길에 나아갔다. 시문에 능하고, 사리에 밝으며, 성정이 곧고, 맡은 바 업무를 빈틈없이 잘 처리하여 판서에까지 올랐다.

선조 8년(1575년)에 함경도 감사監司자리가 결원되었다. 관북지방에 흉년이 들고 국경경비가 허술하여 조정에서는 급하게 마땅한 인재를 찾고 있었다. 그때 임금은 후백의 사람됨을 알고 특명으로 함경 감사에 제수하였다.

함경도는 한양과 먼 곳에 떨어져 있어 명분 없는 세금을 거뒤들이는 등 불법한 일이 성행하고 있었다. 후백이 부임하여 이를 바로잡아 경감하거나 철폐하고, 위엄과 은혜를 함께 베풀어 도정을 맑게 이끌었다.

특히 수시로 변방을 순찰하여 경비상황을 두루 살피고 무기를 점검하였다. 국경을 지키는 일에 한 치의 허술함이 없도록 방위태세를 강화하고 관원들의 기강확립에 힘써 변방을 튼튼히 관리하였다.

후백은 조정에 돌아와서 인사권을 관장하는 이조판서가 되었다. 그는 하위직 벼슬자리에도 사람의 됨됨이를 면밀히 알아보고 관리에 임용하게 하였다. 아무리 권력이 있는 사람의 청탁이 있어도 들어주지 않기로 소문이 나 있었다. 뿐만 아니라 자기가 선임하여 임용된 벼슬아치가 잘못을 저지른다거나 합당치 않는 인물로 여겨질 때는 "내가 임금을 속여 나라 일을 그르친다."고 한탄하였다.

그러다 보니 아무도 후백에게 청을 넣어 벼슬을 하려고 하거나 분수에 맞지 않은 좋은 자리에 탐내는 자가 없었다. 그럼에도 불구하고 하루는 후백의 집안에 유망한 청년 문사가 찾아와 좋은 관직에 발탁해줄 것을 청탁해 왔다. 그는 후백의 성미를 모르는 바가 아니었지만 가까운 집안사람이니 거절할 수 없으리라 생각하고 부탁한 것이다.

가만히 듣고 있던 후백은 장롱 깊숙한 곳에서 효행이 있고 청렴한 사람을 기록해 둔, 효렴부孝廉符를 꺼내 펼쳐 보이면서 이렇게 말했다.

"이것은 내가 앞으로 임금님께 벼슬을 천거할 만한 사람의 이름을 적어둔 것이다. 여기에 분명히 자네의 이름도 적혀 있네. 이제 보니 자네는 벼슬자리를 부탁이나 하고 돌아다니는 사람이었군. 청탁하는 자만이 관직을 얻는다면 그것은 정도가 아닐세. 내가 이 자리에 있는 한 어찌 자네 같은 사람을 천거할 수 있겠나. 이제 자네 이름을 지워 버리겠네." 하면서 붓을 들어 그 사람의 이름을 지워 버렸다는 일화로 유명하다.

후백은 1578년(선조 11년)에 호조 판서로 59세의 나이에 병사하였다. 부음이 알려지자 사람들은 정승의 반열에 오를 아까운 인물이 일찍 세상을 떠났다고 매우 슬퍼하였다.

후백은 식견이 박식하며, 언행이 분명했다. 관직에 있으면서 직무에 빈틈이 없었고 몸가짐을 정결하였다. 지위가 판서에 이르렀는데도 유생儒生처럼 가난하여 주변사람들이 감복하였다. 나라에서는 그가 죽은 후에 청렴하고 공평무사하게 일을 처리하였다고 청백리에 녹선 하여 길이 존경받는 인물로 남게 되었다.

오늘날 우리는 "기회는 평등하고, 과정은 공정하며, 결과는 정의로워야 한다."고 부르짖고 있다. 그러나 최근 공기업과 금융계에서 청탁에 의한 부정한 방법으로 인력을 채용하여 힘없는 서민들의 가슴에 커다란 상처를 안겨주고 있다. 청탁의 병폐가 사라질 줄 모르는 우리 사회, 조선 시대의 효렴부 이야기는 많은 것을 시사해주고 있다.

그리고 우리 어린이들에게 어린 시절의 이후백처럼 "탑보다 더 높은 소나무가 되겠다."는 꿈과 야망을 갖도록 하는 것이 중요한 것 같다. 이 탑반송塔畔松 시 한 수를 마음에 새겨 후세들의 양육에 귀감으로 삼았으면 한다.

<신한국 제4호, 2018.>

❖ 참고 문헌

· 국역 국조 인물고, 세종대왕기념사업회, 1999.

· 이재환. 한국사 대사전, 한영출판사, 1978.

민간위탁 연수

2000년 3. 13~3. 24일까지 12일간의 일정으로 미국 캐나다의 행정기관을 방문 행정사무의 민간위탁 사례연수를 떠났다. 일행은 행정자치부 자치제도과장을 단장으로 하여 기획예산처, 문화관광부, 환경부, 보건복지부의 관계관과 서울, 부산, 대구, 광주, 울산의 조직관리 담당 사무관 등 15명이었다.

우리나라는 IMF 사태로 인해 1998년부터 행정조직의 구조조정을 추진하여 유사 중복 기구를 통폐합하여 행정기관의 인력을 줄여왔다. 2000년부터는 행정기구의 민간위탁을 시행하여 기구와 인력을 감축하는 계획을 추진하고 있었다.

행정업무 중 단순집행 관리기능이나, 기업적 성격을 지닌 현업기능을 민간단체나 법인에 위탁하여, 민간의 참여를 확대하고 행정능률 향상과 대민서비스의 질을 높여 나가고자 하는 것이 기본 방향이었다.

샌프란시스코 공항까지 9시간 30분이 걸렸다. 우리나라보다 17시간이 늦어 현지시간은 3월 13일 오후 1시 30분이었다. 이곳 날씨는 한국보다 더 따뜻했다. 벌써 개나리와 벚꽃이 피어 있었다.

1937년에 완공된 길이 2,730m 폭27m의 다리가 교각이 없이 철선으로 지탱하도록 설계 됐다는 금문교를 돌아보았다. 이 공법이 세계 최초이며 우리나라에 이 공법을 처음으로 도입된 것이 남해대교라고 하였다.

다음 날에는 샌프란시스코에서 동북쪽으로 약 160km 거리에 인구 26만 명의 조용한 도시 새크라멘토를 향했다. 켈리포니아주 정부가 있는 곳이다. 가는 도중 차창으로 보이는 나직나직한 산에는 푸른 초지가 조성되어 있었다. 그 초원에 소들이 무리지어 풀을 뜯는 모습이 평화로웠다.

일행이 도착한 시설은 Cordova senier center였다. 이곳에는 65세 이상의 노인 60여 명을 수용하고 있었다. 노인들의 건강, 레크레이션 지도와 점심 식사를 제공하는 복지시설이었다. County와 City의 보조금과 사회단체의 기부금으로 운영하고 있었다.

이 시설에는 한국인도 4명이나 이용하고 있었다. 우리 일행이 방문하자 반가움에 손을 잡고 한동안 떨어질 줄 몰랐다. 모두 자식을 따라 미국에 와서 살고 있는 노인들이었다. 아들과 며느리가 직장에 출근하고 손자들이 학교에 가버리면 혼자 집을 지켜야 했다. 그 답답하고 무료한 시간을 이 시설에 와서 보내고 식사도 해결한다고 하였다. 말이 통하지 않는 나라에서 노년의 생활은 감옥이나 다름없다는 말에 마음이 아팠다.

오후에 캘리포니아 주 정부를 방문했다. 주 정부의 관계관은 우리나라와 캘리포니아 간의 교역실태를 비교하여 설명하면서, 이곳에서 생산되는 소고기, 과일 등 농축산물을 한국에서 많이 수입해 주어서 고맙다는 인사를 하였다. 통상 협력 증진을 위해 앞으로 더 좋은 협력관계를 유지해 나가자고 했다. 특히 한국의 정치, 경제, 국방, 문화등 사회 전반에 대한 통계수치를 나열하면서 우리나라의 실상을 너무나 정확히 꿰뚫고 있는데 매우 놀랐다. 이런 정보력을 가지고 있기에 세계를 지배하게 되는구나 싶었다.

새크라멘토에서 이틀간의 일정을 마치고 왔던 길을 다시 돌아오면서 샌프란시스코 Fisher-mans wharf에서 유람선에 올랐다. 알칸트라섬을 한 바퀴 돌면서 바라보는 샌프란시스코 항은 한 폭의 그림처럼 아름다웠다. 선상에서 흘러나오는 스콧 맥켄지의 샌프란시스코의 노랫가락이 여행자의 피로를 씻어주었다.

3월 17일은 캘리포니아 북부의 일정을 마치고, 남부지역인 LA로 떠났다. 샌프란시스코에서 LA공항까지 약 1시간 30분이 걸렸다. 방문 예정지인 샌디에고 시청을 향했다. 가는 도중에 버스에서 가이드의 설명에 의하면, LA는 원래 사막이었는데, 콜로라도 강물을 끌어올려 나무와 꽃을 심어 녹지를 만들었다고 한다. 지금도 스프링클러로 물을 뿜어 식물이 자라도록 하고 있다니 미국인들의 개척정신이 돋보였다.

LA에 거주하는 한국인은 약 50만 명, 1968년부터 이민이 시작된 이후, 1980년대에 급격히 이민인구가 늘어났고, 이민 2세, 3세도 증가하였다. 한국에서 고학력의 고급 전문 인력들이 이곳에 왔지만, 언어소통이 되지 않아 남들이 회피하는 어렵고 힘든 3D 업종부터 시작하는 것이 대다수였다. 남다른 근면성과 잡초처럼 강인한 우리 민족의 투지력이 오늘의 터전을 이루게 되었다는 것이다.

2시간을 달려 도착한 곳이 샌디에고 카운티였다. 시 관계관 3명이 분야별로 민간위탁 사례를 설명해주었다. 마침 한국교포인 정영애 여사가 참석하여 통역을 해주었다. 그녀는 대구 봉덕동에서 살았다고 했다. 점심 식사 때 같은 탁자에 앉아 대구에 대한 소식을 묻고 답하면서 짧은 대화를 나누고 아쉽게 헤어졌다.

남쪽에 위치한 샌디에이고의 3월 중순의 날씨는 초여름과 같았다. 대부분 반소매의 옷차림을 하고 다녔다. 해변에는 100년의 역사를 자랑하는 델코로나 호텔이 유명했다. 미국은 200년의 일천한 역사이기에 100년만 되어도 귀중한 재산으로 보존하고 있다고 하였다. 이 호텔은 목조 5층의 단아한 건물이었다. 문화재로 지정되어 임의로 증·개축이 불가능하다고 했다. 태평양의 푸른 물, 해안선 따라 눈부신 백사장, 사철 온화한 기후가 호텔의 입지를 한층 돋보이게 하였다. 샌디에이고는 바로 멕시코와 국경이 가까운 도시였다. 멕시코의 많은 사람들이 잘사는 나라 미국으로 밀입국을 하려고 호시탐탐 기회를 노리고 있다고 했다. 역시 국력은 경제력으로 대변하고 있다는 생각을 해봤다.

다음 행선지인 시카고로 가기 위해 LA공항에서 비행기를 탔다. 4시간 30분이 소요되었다. 도착 시간이 밤 8시였다. 위도 상으로 북쪽에 위치하고 있어 공항 주변을 오가는 사람들의 의상이 두툼한 것을 보니 날씨가 추운 곳임을 알려주고 있었다. 공항 밖을 나오니 역시 싸락눈이 내리고 있었다. 국토가 넓다 보니 샌디에이고와는 완전히 다른 날씨였다.

마중 나온 가이드의 안내로 마이크로버스를 탔다. 40여 분을 달려 도착한 시카고 외곽지의 한적한 호텔에서 곤한 잠에 빠졌다. 아침에 눈을 뜨니 날씨는 흐리고 추웠다. 마침 토요일이라 관공서가 휴무이기 때문에 기관방문 일정이 없었다. 9시경 두툼한 옷차림으로 시내로 나왔다.

시카고는 시티인구가 300만, 카운티는 1,000만 명 정도의 큰 도시였다. 주민의 교육수준이 높고 보수적이며 정치적으로 민주당의 기반이 강하다고 했다. 도시계획이 어느 도시보다 잘 되었다. 세계 최고의 건축술을 자랑하는 도시답게 고층빌딩들이 숲을 이루고 있었다.

우리가 Sears Tower 110층 443m에 올라가본 사통팔달로 정비된 시가지는 끝이 보이지 않았다. 바다로 착각하리만큼 넓은 미시건호. 그대로 퍼마셔도 아무 탈이 없을 맑고 푸른 물이 파도를 일구고 있었다. 호수의 넓이가 남한 면적과 같다고 했다. 미시간호는 시카고의 빌딩 숲과 어우러져 도시의 멋을 한층 더해주었다.

외곽지인 일리노이 주의 고급 주택가로 드라이브를 했다. 끝없이 펼쳐진 평야, 울창한 숲속에 그림 같은 집들이 풍요로움을 말해주고 있었다. 산을 보기 위해서 며칠을 외곽으로 나가야 한다니 정말 부러운 땅이었다. 평편한 평지에 울창한 나무숲과 잔디밭이 펼쳐있었다. 인간의 손이 닿지 않는 그냥 버려진 천연 그대로인 것 같았다. 농토나 택지로 개발한다면 그 면적이 얼마나 될지 계산을 할 수 없었다.

이틀간 날씨가 춥고 비가 많이 와서 시카고의 자연사 박물관과 위스콘신 주의 쇼핑몰 등 실내관광으로 시간을 보냈다. 3월 20일 오후 8시에 시카고를 떠나 캐나다의 수도 오타와에 도착하니 자정이 넘었다.

캐나다의 인구 2,500만 명, 면적은 997㎢다. 남한의 100배가 되는 면적이었다. 소련연방이 붕괴된 이후 세계에서 가장 땅이 넓은 나라였다. 16세기 퀘벡을 중심으로 동부지역이 프랑스에 의해 개발되고, 17세기 영국의 식민지가 되었다가 1949년에 독립한 국가다. 그래서 영어와 프랑스어를 공용어로 쓰고 있다고 했다.

미국과 달리 의원내각제를 채택하고 수도 오타와는 퀘벡 주에 속하는 캐나다의 제4의 도시였다. 국회의사당 건물이 인상적이었다. 1866년에 완공되어 1916년에 화재로 1920년에 재건되었다. 미국이나 캐나다의 정부청사와 우리나라의 관공서 건물과 비교가 되었다. 이곳의 청사는 독특한 건축 양식부터 눈길을 끌게 하였다. 너른 광장이며 조경시설과 조형물이 모두 관광자원이었다.

내가 근무하고 있는 대구시 청사는 대구를 상징할 수 있는 이미지를 찾아볼 수가 없다. 아무런 특색도 없는 그저 평범한 오피스텔의 기능으로 활용되고 있을 따름이다. 광장은 아예 없고, 주차장, 자료실, 휴게실 등 부대시설이 열악하다.

예산 타령만 할 것이 아니라 몇 년이 걸려서라도 그 도시를 대표하고 상징성 있는 청사를 지어야 한다고 주장하고 싶다. 도시의 전통과 역사성을 조감할 수 있고, 수백 년이 지나도 협소하지 않는 장기적 안목으로 문화재적 가치를 담아야 한다. 관공서가 상징성 있는 관광자원으로 만들어 가야 한다. 그리하여 관광객들에게 깊은 인상을 남겨 도시의 이름을 오래 기억하는 효과를 얻을 수 있다는 생각이 들었다.

3월 21일 오타와시청에서 민간위탁에 대한 설명을 들었다. 이곳은 최대한 행정업무를 축소하고자 하는 노력이 돋보였다. 경제적으로 미국의 영향을 많이 받고 있지만 정치적으로 영국의 영향을 받아 의원내각제를 채택하고 있었다. 도량형의 단위도 미국은 마일, 갤런을 사용하고 있지만 캐나다는 우리와 같이 ㎞, ℓ를 사용하고 있어 쉽게 감을 잡을 수 있었다.

오후 3시에 오타와를 떠나, 토론토까지 버스로 5시간을 달렸다. 역시 이곳까지 오는데 산이라고는 보이지 않았다. 토론토는 캐나다 제1의 도시이며, 온타리오호가 위치하였다. 뉴욕과 인접하여 경제, 통신, 운수 산업의 중심지였다. 미국처럼 밤거리가 위험하지 않는 곳이라기에 숙소를 나와 거리를 배회하기도 했다. 키가 작고 까무스름한 피부의 동남아 사람들이 많이 진출해 있었다.

3월 22일은 일찍 서둘러 호텔을 나왔다. 출근 시간이라 왕복 12차선 도로에 차량이 넘쳤다. 10시경에 Ontario clean water agency에 도착하여 상·하수시설의 민간위탁 운영상황을 설명 들었다. 이곳은 하수도, 쓰레기처리업무를 여러 자치단체가 하나의 조합을 구성하여 운영하고 있었다. 한 시간 정도 현장 견학을 하였다.

오후에는 온타리오 주정부를 방문했다. 행정기관은 정책업무에만 전념할 수 있도록 집행업무와 관리업무는 민간에 위탁하여 비용절감과 서비스의 질을 높여 가는 노력을 하고 있었다.

마지막 일정은 나이가라 폭포 관광이었다. 토론토에서 2시간 거리로 17시에 도착하였다. 675m의 넓이, 54m의 높이에서 우렁찬 소리를 내고 쏟아지는 폭포수는 물안개를 품고 있었다. 절묘한 풍경에 탄성이 저절로 나왔다. 너나없이 카메라 셔터를 누르기에 부산히 움직였다.

20시경 정원 식당에서 저녁 식사를 하였다. 주인은 함경도가 고향이라 했다. 메뉴는 캘리포니아 갈비였다. 연하고 부드러운 맛이 일품이었다. 소주잔을 기울이면서 짧은 일정을 모두 아쉬워했다.

끝없이 펼쳐진 평원, 푸른 호수, 나무와 초원, 그 풍요로움과 평온함에 반해 버렸다. 국토 면적이 미국과 캐나다는 남한 땅의 100배가 넘는 나라였다. 인구밀도도 우리나라는 463명이지만, 미국이 29명, 캐나다가 3명이라니 무한한 가능성과 잠재력을 갖춘 나라임에 틀림이 없었다.

짧은 기간 동안 겉만 보고 그들의 생활 속 면면을 깊숙이 들여다볼 수는 없었다. 피상적인 판단일지는 몰라도 지구상에서 손꼽히는 살기 좋은 낙원으로 보였다.

야간 조명 속에 쏟아 내리는 나이가라 폭포의 그 장엄한 풍경은 또다시 일행을 감탄하게 했다. 아름다운 추억으로 가슴에 묻으며 귀국 수속을 위해 토론토 비행장을 향했다.

의자에 기대어 생각에 잠겼다. 정작 알고 싶은 것은 이곳 공무원들의 일과는 어떠하고 정책결정은 어떤 절차로 하는지. 시민들은 무슨 생각을 하고 얼마의 수입으로 어떤 방식으로 살아갈까 이들의 삶의 애환과 즐거움이 무엇이고 우리와 다른 점이 무엇인지. 이러한 그들의 일상적인 모습을 꿰뚫어보고 싶었다.

짧은 일정, 입도 귀도 열리지 않는 언어의 장벽이 우리를 아쉽게 했다. 돌아가면 또 삭막하고 고정된 일상의 틀에 갇히게 될 것이다. 그러다 보면 이 넓고 광활한 세계를 바라보는 눈과 여유로움을 언제까지 가슴속에 담겨져 있을지가 의문스러웠다.

<2000. 4.>

시 속에 담아본 고향

지금까지 나는 두 권의 시집 밖에 펴내지 못했다. 게으름을 많이 피운 탓이다. 더 이상 시집을 펴낼 수 있을지는 의문이다. 『주왕산 수달래』, 『새벽 주산지』 두 권의 시집을 내면서 고향을 노래하는 시를 많이 담아 보려고 하였다.

내가 태어나고 자란 곳은 청송군 부남면 감연리다. 영천 화북에서 노귀재 터널을 통과하여 화목, 안덕, 도평을 지나 삼자현을 넘으면 감연리가 나온다. 지금은 폐교가 된 부남면 대전초등학교를 졸업하고 청송중학교를 다녔다. 중학교를 졸업할 때까지 군 경계를 한 번도 벗어나지 못했다. 희한한 얘기 같지만, 그 시절에는 나와 같이 '우물 안 개구리'로 살아온 진배기

촌뜨기들이 많이 있었다.

그 후, 대구로 나와 타향살이를 하면서 부모님이 살아 계실 적에는 부단히 노귀재와 삼자현을 넘나들었다. 이제는 한 해에 서너 번 정도 부모님의 산소와 옛집을 찾아가곤 할 뿐이다. 숱하게 고향을 오가면서 스치고 지나는 느낌들을 시 속에 담아 보았다.

♣ 청송

별빛 여미는 잎새 사이로
새벽은 안개 낀 강을 건너와
어둠을 밀어낼 때
몸을 뒤척이다
무한으로 치닫는 가지 끝으로
햇살이 건너뛰면서
이어온 숱한 날
해와 달이 바뀌 뜬 적 헤아린다

비바람, 찬 서리에
꿋꿋이 살아온 흔적들
두텁다 못해 갈라진 껍질 속에
선명한 나이테를 그려 둔다

가지마다 푸름 매단 잎새
그윽한 향기 품은 채
천년, 더 먼 세월을 꿈꾼다

♣ 삼자현

호랑이가 출몰하니
세 사람이 아니면 넘지 말라던 고개
언제부턴지 신작로가 뚫렸다

하늘이 넓은 야지로 나가
해묵은 가난을 벗으라고
트럭에 짐짝처럼 실려 넘던
유년의 시절로 오르면

생 젖을 떼듯 떠나보낸 아들 걱정에
한 서린 어머니의 눈물
포장길 속에 생채로 묻혀버린
자갈처럼 널려있던 고달픈 이야기들
바람은 아직도 그 흔적을 찾으려 헤맨다

굽이마다 우람하게 장성한 나무들
돌아보고 또 돌아보면서
삼자현을 넘는다

♣ 감연리

허리춤에 책보자기 맨 하굣길
붙어 다니던 빈 도시락 속의 반찬통 소리
유년의 잔영이 숨을 몰아쉬는 고샅
아직 허리를 펴지 못하고 있다

호롱불 밝혀 해진 양말 꿰매며
할머니가 알뜰히 살으신
풋풋한 기억이 배어나는 고택을 지나
선산으로 올라가는 숲속에
붉게 얼굴 내민 산나리꽃
할머니의 환영이듯 반갑다

넓었던 골짜기가 왜 이리 좁아 뵈는지
척박한 날이 새록새록 눈을 뜨게 하여
옛 얘기들을 망연히 늘어놓는다
어디선가 바람이 흘러들고
놀란 산 꿩이 푸드득 날아오른다

♣ 아버지의 고추밭

고추밭 이랑으로
바람이 잎사귀를 들추면

주렁주렁 엽전 꾸러미를 꿰차고 있다
하얀 웃음꽃을 매달았다
아들 대학 시킨 것도 네 덕이고
딸애 시집보낸 것도 네 덕이었지

수입산이 무더기로 들어오고부터는
빚더미만 한 아름 안고 있다
눈물 꽃이 되었다
그러니, 어쩌겠나!
눈을 감아야 농사를 하직할 테니
지난해만큼 굵고 붉게 달아 주렴

볕살 따가운 이랑에서
허리 굽혀 고추를 따고 있다

♣ 당신의 지게

뒷산에 오르는 길은
앞서간 사람이 있어 생겨난 것이겠지

잡힐 것 같던 하늘이
오를수록 더 멀어지는 사실을 알고부터
늘 어깨를 누르고 있었다

비탈밭을 일구고 돌아오는 길
나뭇가지와 풀, 하찮은 것들
하나라도 더 올려놓고

질긴 인연의 끈을 당겨 묶으며
혹처럼 달고 다녔다

♣ 보고 싶다

강물에 뜬 달
세월의 편린에 묻혀 간
그대의 희미한 허상
아직도 전하지 못한 말은
'보고 싶다'

간직해오던 사진 한 장
찢어서, 강물 위로 흩어버린 날
물새도 달빛에 젖어 울었다

넋을 잃고
숨죽인 어둠 속에서도
생생히 파문을 일군 말
'보고 싶다'

♣ 거기에는

안개가 걷히면
슬며시 얼굴을 드러내는 것이 있다

등 굽은 돌담길
안마당에 모란이 피었다가
철이 바뀌면 접시꽃도 피어나고
솔향에 고단함을 잊은 채
장단을 맞추어 지나는 빗소리

거기에는
팽팽하던 시간 속에 버려진
외로운 눈물이 거처하고 있다
윤곽을 지우는 고요가 흐르고 있다

감아 두른 산들은
옛 그대로 팔을 괴고 누워 있다

계절 따라 바뀌어가는 주왕산의 절경은 언제 보아도 신비롭다. 장엄하면서도 오묘하다. 산길이 완만하여 등산하기에 편하면서 포근하게 감싸주듯 정겨운 느낌을 주는 산이다. 그래서 남녀노소의 많은 사람들이 사계절 즐겨 찾고 있다.

지금까지 살아오면서 직장 동료들이며 친구들과도 여러 차례 이곳을 다녀왔다. 며느리나 사위와 같은 새로운 가족이 늘어날 때면 고향의 멋진 풍경을 자랑하려고 여행지를 주왕산으로 택하기도 했다. 그러다 보니 주왕산이 좋은 글감이 되었다.

♣ 주왕산 기행

대전사에서
깃발을 펄럭이며 위용을 과시하던
기암봉의 장엄한 모습을 우러르다
주왕굴로 오른다

화살 맞아 쓰러진 주왕, 그 원혼
주방천 기슭에 수단화로 환생하였다
무장굴, 학소대, 급수대, 연화봉…
가는 곳마다 주왕의 슬픈 전설이 서려 있다

바람 소리, 물소리, 부연 끝 풍경 소리…
비경에 놀란 선녀
구룡소에 내려와 멱을 감는 밤
나는 바위틈에 숨었다가
날개옷을 훔치는 나무꾼이 되려 한다

역사는 승자의 것인데도
패자를 기리어 주왕산이라 이름 한
대전사 보광전 부처님!
오늘밤 흉계를 관용해 주실까

♣ 주왕산 수달래

구천을 떠돌던 주왕의 넋
주방천 작벼리에 뿌리박고
진홍으로 부화하였다

오월의 햇살 머금고
하염없이 나부끼다 나부끼다가
대전아, 백련아!
아들과 딸의 이름
목이 터져라 부르다 부르다가
와글와글
달아오른 가슴을 움켜

풍덩!
뛰어든 주방천은
온통 핏빛으로 불이 붙었다

♣ 여름 주왕산

초입에서부터 눈 맞춤하며
어서 오라 손을 흔든다
하늘이 열리던 날부터
삭발하고 숨은 듯 참선해온 비경
여기저기서 발원한 폭포수
한껏 짙어 터진 녹향
세속 잡사 훌렁 벗어던진 염불 소리
삼복염천은 흐물흐물 풀이 죽어
출가한 산바람이 다가와 팔짱을 지른다

♣ 대전사에서

절간 경내에 들어서면
보광전 용마루 너머
수문장인 양 기암의 늠름한 위용에
기대고 싶다

아들 녀석 밥벌이 잘되게
딸애 고만고만한 짝 만나게
해묵은 근심 꺼내어 합장한다

화사한 꽃길이 열리고

영험이 덥석덥석 엉겨붙어
주름살 펴게 하는 날이여
아가처럼 배밀이 하면서 오거라

♣ 광암사 가는 길

오르다가 숨결이 가빠지면
꽃대 기다랗게 꽃초롱 매단
비비추꽃 곁에 앉아 쉬어간다

바랑 속에 과일 하나 꺼내어 깨문다
동강 난 토막들은 갈증을 삼킨다
허기진 산새는 분주히 산허리를 난다
길섶의 원추리가 부푼 꽃망울을 흔든다

독경 소리 은은히, 산사는 한 발짝 다가서고
청솔가지 사이로 하얀 구름 한가롭다
저편 산들은 겹겹 열반에 들어
한낮 더위도 슬그머니 입적을 서둔다

♣ 주왕암

넘어질 듯 위협하는 절벽 사이
하늘이 가까이 내려와 있다

주왕과 그 병사들
여기, 불멸의 혼이 잠든
나무와 돌과 바람의 땅

겁에 질린 계곡물
돌 틈으로 숨어들고
하늘을 향한 나뭇가지
번민을 닦아줄 손수건을 꺼내 흔든다

해 저문 산길
암자는 열반에 들고
고해에 찬 보름달
성급히 낙일을 설파하고 있다

주왕산 용연폭포를 지나 조금을 걸으면 내원마을에 도달할 수 있다. 이 외에도 내원마을로 연결된 등산로가 더 있다. 월외리에서 달기 폭포를 지나, 너구마을의 뒷산 등성이를 넘어 금은광이 삼거리에서 내원마을에 이를 수 있다. 또 절골 코스와 가메봉 코스와도 연결되어 있다. 이런 여러 등산코스를 지나온 사람들의 집합소이면서 쉼터가 바로 내원마을이었다.

두부와 산나물 무침, 동동주가 일품이었다. 전기가 들어오지 않아 밤이 되면 남포등에 불을 밝히고 먼 전설을 머금은 별천지에 와 있는 정취를 느낄 수 있었다. 그런 마을이 어느 날 흔적 없이 자취를 감춰 버렸다. 국립공원 상류를 오염시킨다는 이유에서 민가를 철거하였기 때문이다. 거기에는 우리의 옛 조상들이 쓰던 가재도구가 있었고, 산 사람들의 인정어린 삶이 물씬 배여 있던 곳이었다.

♣ 내원동 일기

장작불 피워
한입 가득 내뿜던 굴뚝연기
허공으로 사라지면
내원동은 어둠 속으로 침몰한다

전깃불 없는 마을
남포등 앞에 모여든 나그네들
낯선 얼굴을 마주하며
얘기 보따리 한 줌씩 풀어헤친다

동동주 사발이 몇 차례 돌아
거나한 술기운에 절어 들면
촛점 잃고 침묵하던 마을이

웃음소리 촉촉하게 젖어든다

구성진 목청이 어우러지고
나이를 잃어버린 채
몸을 흔들다 뒹굴며
풀숲을 짓뭉갠다

어둠에 매몰된 내원동
남포등 심지를 돋우며
감춰진 하얀 속살을 드러낸다

♣ 달기 폭포

땅을 짚고 가다가
돌 틈을 비켜 가면서
너, 떠나보내고 울던 그 날처럼
낭떠러지에서 눈을 감는다
앞서가던 것들이 떨어지고
뒤따른 나도
주저 없이 뛰어 내린다

곤두박질치며 쏟아내는 함성은
못 잊을 너 때문일까

하얗게 부서진 조각
재회를 꿈꾸며
빠르게 본래의 모습으로
길을 떠난다

♣ 옛터-내원리

산나물 무침, 동동주 맛에
법석이던 주막은 흔적을 감추고
주모는 어디로 발길을 돌린 건지
덩치 큰 느티나무를 푯대로 남겨두고
육신은 다 거두어 갔다
지금 내가 선 자리에는
구름 몇 점, 둥- 둥-
옥빛 개울에서 멱을 감고
부르면 돌아오는 메아리
놀란 궁노루 한 쌍, 후닥닥
길게 뻗은 넌출을 가르고
산자락 굽잇길로 달아난다

주산지는 경종 원년에 축조된 농업용 저수지다. 물속에 왕버들이 자생하고 있어 신기하다. 새벽에 피어오르는 물안개가 장관을 이루어 전국의 유명 사진작가들이 모여드는 명소다. “봄, 여름, 가을 그리고 겨울”의 영화촬영지가 되면서 관광객의 발길이 끊이지 않는 곳이기도 하다.

♣ 새벽 주산지

자욱한 운무와 이마를 맞대고
한참을 미더운 꿈속에 빠져 있다가

동이 틀 무렵
부스스 기지개를 펴고 눈을 뜬다

멀리 어렴풋한 능선을 베고
이불 속에서 보쟁이다가

주섬주섬 옷가지를 주워 가리고
황급히 난질 떠나는 광경이 밉살스러워

왕버들은 내내 물속에서
불침번을 서고 있다

♣ 주산지 왕버들

하루를 안 보면 안달이 나던

그런 정이 시들하여 떨어져 지내다
이런 심산유곡에서 만날 줄이야

한동안 서먹서먹해 있다가
어느 순간 허리춤을 담그고
물구나무서기를 하며
애채가 돋은 자리를 어루만지다

가랑이 사이로 뵈는 하늘을 향해
언거번거하게 떠드는 소리
이젠 이골이 나서 마냥 즐거운 거야

덕천리는 청송심씨의 본향 마을이면서 영조 때부터 9대 만석의 부자로 유명한 송소고택이 있다. 송소고택은 1880년에 송소 심호택이 지은 99칸의 집이다.

덕천마을 앞쪽 도로를 따라 골짜기로 가다 보면 양수발전소가 나온다. 양수발전소는 하부댐의 물을 끌어 올려 상부댐에 저장해 두었다가 그 낙차를 이용해서 전기를 생산하고 있다. 상부댐은 '노래호'이고 하부댐은 '청송호'라 한다. 청송호는 신흥리 주민을 이주시키고, 마을을 댐 속으로 사라지게 하였다.

읍 소재지를 감아 흐르는 용전천은 물안개를 산마루터기로 날려 보내며 오늘도 유유히 흘러가고 있다. 이런 고향의 풍경에서 청산은 만고에 변함이 없고青山萬古心 유수는 끝없이 이어 흐른다流水百年長는 글귀를 떠올리게 한다.

♣ 송소고택에서

앞산 능선 굼실굼실 기어들고
물 돌아 청량한 기운 서린 곳에
상량문을 쓰고 대들보를 올렸던
옛 할아버지의 큰 뜻을
온몸으로 덥석 안아준 담장
아흔아홉 칸, 널찍한 가슴은
행랑채, 사랑채, 안채로 통한다
뒤뜰에 오동만큼 이어온 세월
종부의 손길이 묻어난 구석마다
대물림으로 지켜진 가훈
일미칠근一米七斤
적선성덕積善成德
그 정신, 만석의 영윤을 누려왔다

♣ 5월의 종가

토라져 간 세월

관절통을 앓는 기둥
육중한 지붕 힘겹게 받치고
이끼 낀 기와
허물어질 듯한 돌담
침묵이 흐르는 빈 장독대
그 많던 식솔들이 떠난 자리
모란은 가지마다
진홍빛 꽃봉오리를 달고
옛 영화를 추억해 낸다

5월의 햇살은
모란꽃 부푼 가슴을 포개고
꽃향기 짙게 배어드는 문지방 너머
멀어져간 집안 내력을 더듬다가
노을이 모란 빛으로 물들 무렵
윤나게 툇마루를 닦고 있는 종부에게
하직 인사를 드리고 대문을 나선다

뜰에는 모란이 새아씨인 양
단정히 머리 빗고 환하게 웃고 있다

♣ 물밑마을 —신흥리

초가집 여남은 채
뒤뜰을 지켜주던 키다리 감나무
마루 밑에 도투마리와 배빗대
삽질하여 천년을 묻어

등짐 지고 산모롱이를 내려오던 할배
음매 하며 새끼 찾던 어미 누렁이는
어디로 떠났을까

마을 위를 떠도는 삿갓구름에
스쳐 가는 바람에 까닭을 물으며

눈부신 햇살에 벙그는 몸짓
깊은 잠에 빠진 퇴적층을 흔들어 깨워
시큰둥 제동을 걸고
게으른 하품을 씹고 있네

♣ 용전천 물안개

아무에게 들키지 않으려고
숨소리도 죽인 채로
야음을 타고 커튼을 드리우며

솜털 위에 눕혔다

잠에서 깨어난 햇살
하늘과 내통하는 다리를
서서히 들어 올린다

연민에 발목이 잡혀
영영 못 올 길을 떠나고
그러지 못한 낙오자들은
흔적을 지우려 조용히 눈을 감는다